“十三五”职业教育国家规划教材

GOUTONG JIQIAO

沟通技巧

（第4版）

高等职业教育旅游类专业基础课教材

汝勇健◎编著

北京·旅游教育出版社

图书在版编目（CIP）数据

沟通技巧 / 汝勇健编著. -- 4版. -- 北京 : 旅游教育出版社, 2022.1（2023.2重印）

高等职业教育旅游类专业基础课教材

ISBN 978-7-5637-4355-1

Ⅰ. ①沟… Ⅱ. ①汝… Ⅲ. ①旅游业－公共关系学－高等职业教育－教材 Ⅳ. ①F590.65

中国版本图书馆CIP数据核字(2021)第261472号

"十三五"职业教育国家规划教材

高等职业教育旅游类专业基础课教材

沟通技巧

（第4版）

汝勇健　编著

策　　划	景晓莉
责任编辑	景晓莉
出版单位	旅游教育出版社
地　　址	北京市朝阳区定福庄南里1号
邮　　编	100024
发行电话	（010）65778403　65728372　65767462（传真）
本社网址	www.tepcb.com
E - mail	tepfx@163.com
排版单位	北京旅教文化传播有限公司
印刷单位	唐山玺诚印务有限公司
经销单位	新华书店
开　　本	710毫米×1000毫米　1/16
印　　张	12
字　　数	195千字
版　　次	2022年1月第4版
印　　次	2023年2月第3次印刷
定　　价	36.00元

（图书如有装订差错请与发行部联系）

出版说明

2019 年 12 月 16 日，教育部印发了《职业院校教材管理办法》。办法指出，职业院校专业课程教材在政府规划和引导下，注重发挥行业企业、教科研机构和学校的作用，更好地对接产业发展，服务学生成长成才和就业创业。

为贯彻落实《职业院校教材管理办法》的最新精神，我们组织业内专家编写出版了《沟通技巧》(第 4 版) 教材。

概括起来，第 4 版教材主要按以下要求编写：

(一) 以马克思列宁主义、毛泽东思想、邓小平理论、"三个代表"重要思想、科学发展观、习近平新时代中国特色社会主义思想为指导，有机融入中华优秀传统文化、革命传统、法治意识和国家安全、民族团结以及生态文明教育，弘扬劳动光荣、技能宝贵、创造伟大的时代风尚，弘扬精益求精的专业精神、职业精神、工匠精神和劳模精神，努力构建中国特色、融通中外的概念范畴、理论范式和话语体系，防范错误政治观点和思潮的影响，引导学生树立正确的世界观、人生观和价值观，努力成为德智体美劳全面发展的社会主义建设者和接班人。

(二) 内容科学先进、针对性强，公共基础课程教材要体现学科特点，突出职业教育特色。专业课程教材要充分反映产业发展最新进展，对接科技发展趋势和市场需求，及时吸收比较成熟的新技术、新工艺、新规范等。

(三) 符合技术技能人才成长规律和学生认知特点，对接国际先进职业教育理念，适应人才培养模式创新和优化课程体系的需要，专业课程教材突出理论和实践相统一，强调实践性。适应项目学习、案例学习、模块化学习等不同学习方式要求，注重以真实生产项目、典型工作任务、案例等为载体组织教学单元。

(四) 编排科学合理、梯度明晰，图、文、表并茂，生动活泼，形式新颖。名称、名词、术语等符合国家有关技术质量标准和规范。

(五) 符合知识产权保护等国家法律、行政法规，不得有民族、地域、性别、职业、年龄歧视等内容，不得有商业广告或变相商业广告。

《沟通技巧》是高等职业教育旅游类专业基础课程教材，亦是旅游企业培训教材，自首版以来，得到了广大读者及旅游业同行的厚爱，反馈了不少信息与建议。

第 2 版的特点是：

第一，增加了部分案例，使内容更为丰厚、更具有说服力。

第二，与时俱进，增加了与 90 后新生代员工沟通的相关内容。

第三，贴近实际，调整了部分内容，增加了班前会的召开等内容。

第四，对文字进行了整体梳理，使文字表达更为顺畅。

第 3 版的特点是：

第一，贴近实际，改写了客人关系的相关内容。

第二，更新案例，使案例更为丰富、更具有参考价值。

第三，与时俱进，增加了网络沟通及服务接触点（MOT 关键时刻）的相关内容。

第 4 版的特点是：

1. 将国内外最新管理案例、课改成果及文献资料有机融入教材编写中，提升了教材的理论指导性和专业实践性，彰显了职业教育在教中学、在学中做的课改理念。

2. 更好地体现了饭店业对人才的专业化、职业化的培养要求，将工作技巧、创新思维、团队精神、关键时刻管理等纳入教材体系的编写中，使管理人员真正学会如何工作、如何生活，从而有利于实现饭店培训内涵的升级换代。

本教材主要用于大专院校旅游管理及酒店管理等专业学生的教学工作，亦可用于旅游企业员工在岗培训，同时也是其他服务企业员工就业培训的良师益友。

旅游教育出版社

2022 年 1 月

目　录

学前能力自测

在开始“沟通技巧”这门专项技能课的学习前，请先回答下列问题，测评自己的沟通技巧。选择与自己经历最相近的答案：“从不”选 A，“有时”选 B，“经常”选 C，“总是”选 D。

1. 我适时地把适当的信息传递给合适的人。
A. □　B. □　C. □　D. □
2. 在决定该如何沟通前，我会认真思考沟通的内容。
A. □　B. □　C. □　D. □
3. 我表现出自信，讲话时信心十足。
A. □　B. □　C. □　D. □
4. 我希望对方就我的沟通提供反馈。
A. □　B. □　C. □　D. □
5. 我注意聆听并在回答前检查我的理解是否正确。
A. □　B. □　C. □　D. □
6. 评价他人时，我努力排除各种个人成见。
A. □　B. □　C. □　D. □
7. 与客人交流时，我态度积极、礼貌周到。
A. □　B. □　C. □　D. □
8. 我及时向他人提供他们需要并想要的信息。
A. □　B. □　C. □　D. □
9. 我利用单独会见，检查员工的表现并辅导他们。
A. □　B. □　C. □　D. □
10. 我通过提问了解他人的想法以及他们的工作进展。
A. □　B. □　C. □　D. □
11. 我分发书面指示，以提供关于某一任务的所有相关信息。
A. □　B. □　C. □　D. □
12. 我运用专业的电话沟通技巧改进工作。
A. □　B. □　C. □　D. □

13. 我通过所有可以利用的电子媒介进行沟通。

A. □ B. □ C. □ D. □

14. 我经常在一线进行对客服务工作，以获取更多的信息。

A. □ B. □ C. □ D. □

15. 会见、调查或作会议记录时，我使用有效的记录方法。

A. □ B. □ C. □ D. □

16. 我常征求可信赖的批评者的意见。

A. □ B. □ C. □ D. □

17. 我与其他同级人员保持良好的合作协调关系。

A. □ B. □ C. □ D. □

18. 我经常做讲演练习，以提高自己的表达能力。

A. □ B. □ C. □ D. □

19. 进行内部培训时，我发挥着明显的积极作用。

A. □ B. □ C. □ D. □

20. 我安排的会议已达到了专业水平。

A. □ B. □ C. □ D. □

21. 我用良好的推销技巧说服他人接受我的观点。

A. □ B. □ C. □ D. □

22. 与他人商谈前我已经对问题进行了深入研究，并熟知对方的需要。

A. □ B. □ C. □ D. □

23. 我发送信息，力求做到准确、简明、清晰。

A. □ B. □ C. □ D. □

24. 提出建议前，我往往会进行彻底的调查。

A. □ B. □ C. □ D. □

25. 我努力了解有关人员对组织的看法。

A. □ B. □ C. □ D. □

26. 我积极主动与自己的上级进行沟通。

A. □ B. □ C. □ D. □

27. 我把定期与员工沟通看成是重要工作。

A. □ B. □ C. □ D. □

28. 我积极接收并回应来自员工和他人的反馈。

A. □ B. □ C. □ D. □

29. 我经常检讨自己的沟通行为。

A. □ B. □ C. □ D. □

30. 我确定了沟通目标，并且不允许任何行为阻碍这一目标的实现。

A. □　　B. □　　C. □　　D. □

计分：选 1 得 1 分，选 2 得 2 分，选 3 得 3 分，选 4 得 4 分。

做完自我测评题目，请把各题得分加起来，通过阅读相应评语，检查一下自己在哪方面做得不够，然后参看本书中的有关章节，找到实用的建议和提示以改进沟通工作。无论你在沟通方面已经取得了多么大的成功，一定要记住：沟通永远有改进的余地！

30~60 分：你不能有效地沟通，要倾听反馈，努力从失败中吸取教训。

61~90 分：你在沟通方面表现一般，要针对不足，改进提高。

91~120 分：你有良好的沟通技巧，但要记住：沟通多多益善。

绪 论

本书以高等职业教育旅游类专业人才的培养为写作出发点，旨在为督导这一层级的旅游管理人员进行人才储备。

所谓督导，顾名思义，就是督促与指导。在旅游业和饭店业，督导一词是特定人群的称谓，从广义上讲，它适用于企业的各级管理人员，其管理职能中都有督促指导他人的职责。从狭义上理解，督导专指领班、主管这一层级的基层管理人员，我们将这一层级的管理者称为督导层或基层管理者，其对应的岗位是领班、主管。

督导是旅游企业管理体系的“兵头将尾”，其工作和管理状况对旅游企业的服务或生产水平起着决定性作用。他们担负着更多的职责，被期待着在解决问题、激励员工和改进员工工作表现等方面能够具有独到见解。督导这一岗位在旅游企业的重要性，使得对这一层级员工的教育和培训显得尤为重要。

目前，我国适用于高等职业教育和旅游企业督导培训的教材还是一个空白点。通过本书的编写，我们力求达到如下目的：

1. 突出实用性

传统教材其内容囿于岗位操作技能、专业知识和企业文化等方面，并未突破原来“一维培训”的做法。本书向“多维培训”的方向发展，把工作技巧、创新思维、潜能开发、团队精神、压力管理等纳入基层管理人员的培训中，使管理人员真正学会如何学习、如何工作、如何生活，从而实现饭店培训内涵的升级、换代。

2. 讲求系统性

本书围绕督导层级人员应具备哪些素质、应掌握哪些技能，以及如何运用这些技能展开写作，力求提供给读者一个素质养成和技能强化的系统化方案。

3. 助力基层管理人员可持续发展

本书特别强调对员工创造力的培养，并关注未来旅游企业发展要求员工掌握新兴技能的要求，如信息处理能力、人际沟通技能、问题解决能力、创新能力等。本书将上述技能要求、自我能力评估、如何培训这些技能等内容纳入教材的编写中。

单元一

沟通的基本原理

学习目标

掌握沟通的过程、有效沟通的基本原理、有效沟通的障碍及克服方法。

学习内容

◆沟通的定义
◆沟通的过程
◆沟通视窗及运用技巧
◆有效沟通的障碍
◆跨文化沟通
◆网络沟通

企业管理者每天将大部分时间都用在以不同的形式进行沟通上。那么，什么是沟通？有效沟通要掌握什么原理？有效沟通有哪些障碍以及如何克服这些障碍？大多数管理者可能从来没有好好思考、探讨过这些问题。

一、沟通的定义

沟通是人类社会交往的基本行为过程。人们沟通的方式多种多样，对于什么是沟通，说法也较多。

《大英百科全书》认为：沟通就是“用任何方法，彼此交换信息。即指一个人与另一个人之间用视觉、符号、电话、电报、收音机、电视或其他工具为媒介，所从事的交换消息的方法。”

中国学者苏勇在其编著的《管理沟通》中，从管理的角度，特别是从管理工作职能特性的要求出发，吸收了信息学的研究成果，将沟通定义为：“沟通是信息凭借一定的符号载体，在个人或群体间从发送者到接收者进行传递，并获取理解的过程。”

美国学者桑德拉·黑贝尔斯、里查德·威沃尔在其最新版的《有效沟通》一书中，将沟通进一步定义为：“沟通是人们分享信息、思想和情感的任何过程。这一过程不仅包含口头语言和书面语言，也包含体态语言、个人的习气和方式、物质环境——即赋予信息含义的任何东西。”

我们认为，最后一个定义比较全面、确切和具有代表性。简言之，我们将沟通定义为：人与人之间、人与群体之间的一种信息、思想和情感的传递和交换的过程。

具体讲，沟通有五层含义：

（1）沟通对象是人，通常涉及两人以上。

（2）沟通必须有一定信息资料，即传递和交流的内容。

（3）沟通必须借助于一定的媒体才能进行，如口头和文字。

（4）信息只有被接收和理解了，沟通过程才算完整。

（5）不同意见之间的争论，也是一种有效的沟通方式。

沟通的内容不仅仅是信息，还包括更加重要的思想和情感。例如，今天气温多少度？现在几点了？在哪儿集合？需要多长时间？这样的信息是非常容易沟通的，而思想和情感是不太容易沟通的。在实际工作过程中，很多障碍使思想和情感无法得到一个很好的沟通，如员工工作出了差错，上级领导对其进行批评教育，这时如果员工有抵触情绪，往往就会影响沟通效果。

俗话说：“知人者智，自知者明。胜人者有力，自胜者强。”良好的人际沟通是建立在自我沟通的基础上的。一个善于自我沟通的人，能更好地了解自己的优势和不足，知道自己与别人的差距，能用自己的认知改善人际关系。

（一）自我沟通的定义

自我沟通，也称内向沟通，即信息发送者和信息接收者为同一个行为主体，自行发出信息、自行传递、自我接收和理解。通俗地说，自我沟通就是自己与自己对话，包括思考问题、自言自语、自我推理、下决心等。自我沟通的核心在于自我认知。在自我沟通过程中，人们能够认识自我、提升自我并超越自我。

【例 1–1】

摩天大楼电梯门上的镜子

有个摩天大楼的管理者，每个月都要面对高昂的电梯修理账单。由于大楼高、楼层很多，所以上下班高峰时电梯不会很快到达，人们往往等得不耐烦，就会连续按动按钮，即便人们看见按钮灯已经亮起，总觉得只有自己亲自按动按钮电梯才会来，因此，电梯按钮的更换频率很高。大楼负责人想了很多办法，但是都没有奏效。无奈之下，负责人重金悬赏解决方案，希望有人能够帮助乘电梯的人改变不断按电梯按钮的习惯。

一位心理学家最后获得了这笔奖金。他的解决方法成本很低廉，效果却出奇的好。他只是在电梯门上安装了一面大镜子。这面镜子可以让乘客看见自己猴急的样子。只要人们站在镜子前，就会马上变得有礼貌，一个个都成了绅士淑女。

其实，这面大镜子无意中起到了自我沟通的作用。它让人们看到了自我，和镜子中的自我进行沟通，对自我进行定位，然后依据这个定位，改变自己的行为方式。

（二）自我沟通的策略

1. 自我认知

自我认知，也被称为自我意识，是个体对自己存在的觉察，包括对自己的行为和心理状态的认知。古人云：“人贵有自知之明。”简单几个字道出了“自知”的意义。

正确地认识自我是自我沟通的关键，也是扮演好自身角色、实现自我目标的重要前提。也许有人会问，难道还有谁不了解自我吗？其实，认识自我并非易事，因为我们看待自己与别人看待我们是有差异的，我们并不完全了解内在的自我、真实的自我。

2. 自我分析

正确评估自己的长处和短处、优势与劣势，悦纳不完美的自己。扬长避短，努力将自己的优势发扬光大，同时放弃对某些自己并不擅长的目标的追求。找出自己的发展机遇，一旦明确目标，就应该努力抓住机会，提升自我。

3. 自我暗示

自我暗示，就是个体通过自己的认知、言语、想象等心理活动向自己发出刺激信号，以影响自己的情绪和行为的一种心理方法。积极的自我暗示有助于激励自我、振奋精神，引导自己走向成功。我们要善于运用自我暗示进行自我沟通，调动全身潜在的力量激励自我、调节自我、重塑自我，使自己处于最佳的精神状态。

当一个人不断接收“我不行”这样消极的暗示时，大多会不断地怀疑自己。无论做什么，都会缩手缩脚，不敢倾尽全力，那么最后，就真的会一事无成。无数的例子告诉我们，永远都不要给自己下“我不行”的结论。如果真的想做成某件事，那么就应该对自己说“我行”，并总是暗示自己“我行”，然后积极尝试，最后，往往就真的行了。

4. 自我调适

自我调适，是指个体为了不断提高自身适应社会环境的能力，对自身的认识、情感、行为等心理因素进行调整的过程。个体进行自我调适，目的是让自己尽快适应外部环境。

5. 自我激励

自我激励，是指个体使自己具有一股内在的动力，向所期盼的目标前进的心理活动过程，与自我暗示类似。

6. 自我超越

自我超越，是指个体对自我行为的突破。为了实现目标和理想，积极主动地调适自我、反省自我，并在重新认识自我的过程中不断激励自我，从而实现自我超越。

【例 1–2】

自我激励

多年前，一家知名度很高的杂志，对几百家大企业的领导人做了一次调查研究，发现这些人身上的一个共同点是：他们都重视自我激励。他们有的把激励自己的话录下来；有的抄在小本子上随身携带；有的写在纸上，张贴在自己视野所及的地方；有的每天花几分钟时间，面对镜子反复朗诵那些令人振奋、令人自信的语句。正是因为善用这样的方法激励自己，他们才走向了成功。

二、沟通的过程

沟通，是人与人之间进行信息、思想和情感传递和交换的过程，是发送者与接收者之间的一种相互作用。

沟通是一个过程，由于受多种因素影响，沟通的过程非常复杂。概括起来，沟通过程有八大要素：

✧ 信息 1
✧ 编码
✧ 通道
✧ 译码（解码）
✧ 信息 2
✧ 噪声
✧ 反馈
✧ 背景

我们用图 1–1 对这一过程进行拆解分析：

（一）编码和译码

编码，是发送者将其欲发送的信息与意义符号化，编成一定的文字等语言形式或其他形式的符号。译码，则恰恰相反，是接收者在接收到信息后，将符号化的信息符号还原为信息与含义，并理解其信息内容与含义的过程。

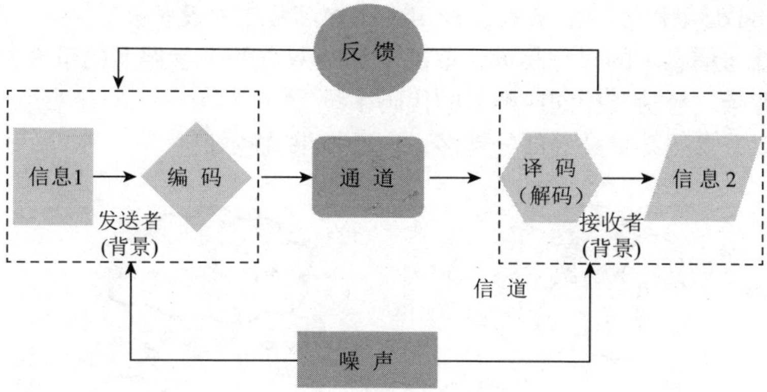

图 1–1　沟通过程模型图

完美的沟通应该是发送者的信息 1 经过编码与译码两个过程后，使信息 2 与信息 1 完全吻合，也就是说，编码与译码完全“对称”。但实际上，信息 2 与信息 1 不可能完全吻合，有时候是部分吻合，有时候则完全不吻合。吻合的程度取决于发送者与接收者各自的参照系。

参照系，指每个人各自的文化背景、教育程度、经历、经验、智力水平、态度、观点、价值观、偏见、感觉、期望、情绪、语言能力等。这些参照系会影响每一次沟通的效果。

【例 1–3】

不同参照系

某饭店客房部的一个员工生病了，主管随口就说了一句“我们这么忙还有时间让你生病”。如果以个人为参照系来分析这句话，就会让人觉得“你难道有权力不让人生病”；反之，如果以饭店客房部管理者为参照系，主管要面对极大的压力，员工生病就意味着今天楼层人手更紧了，清洁客房的抢房工作任务更重了。所以，参照系不同，得出的结论自然也有差异。

【例 1–4】

文化背景不同带来的沟通障碍

中国人有时候喜欢客气，请人吃饭准备了很多好吃的，却说饭做得不好，请多包涵。实际上是想获得别人的赞扬，但外国客人往往不能理解，那么丰盛好吃的菜肴还说是“马马虎虎”！由于存在不同文化背景的差异，有时候互动也会出现问题。过去，北京人打招呼喜欢问“吃了吗？”但是，如果跟外国客人打招呼还问“吃了吗？”他就听不懂了。所以，有经验的翻译将“吃了吗”翻译成

“How do you do（你好）”，否则，外国人会回答吃了或没吃。

信息 2 与信息 1 的对称程度，取决于沟通双方两个参照系的重叠部分：相同或类似的背景、经验及相同或类似的代码系统。

沟通双方参照系重叠的部分越多，沟通效果就越好！

（1）　　　　　　　　（2）

图 1–2　沟通双方的参照系

如果双方对信息符号、信息内容缺乏共同背景、经验，或双方编码、译码的代码系统不一致，则在解读信息与正确理解其内在意义的两个过程中必定会出现误差，容易造成沟通失误或失败。因此，发送者在编码过程中必须充分考虑到接收者的参照系，注重内容、符号对于接收者来说的可读性；用接收者容易理解的语言和传递方式来发出信息。接收者在译码过程中也必须考虑到发送者的参照系，这样才能更准确地把握发送者意欲表达的真正意图，全面正确地理解收到的信息的本来意义。

【例 1–5】

沟通中的“漏斗效应”

6 月的一天，某商务酒店 316 房间客人李先生到前台退房结账。外面正下着雨，客人提出请前台服务员帮他打一下伞，他要到马路对面的商店。当天，前台值班的是两位女员工，个子都比较矮，不到 1.6 米，而客人个头比较高，超过 1.8 米，给客人撑伞不太方便。前厅值班经理于是想到保安员小张的身高比较高，给客人打伞比较合适。于是，值班经理请客人稍等一下，然后打电话给小张。但电话刚刚打通，客人就离开了。前厅经理想叫住客人，但是客人没有回应，走远了。最后，这名客人在网评中给了酒店 2 分的低分评价。

本案例中，值班经理与客人因为无效沟通产生了误解。值班经理听到客人需要打伞的要求后，出于好心，想到请个子高的同事为客人打伞，她在心中其实为客人着想了很多，但编码时说出口的只有一句——请您稍等一下，结果让客人很不满意。这种现象其实就是沟通中的"漏斗效应"。

沟通中的漏斗效应，指的是信息在传递过程中会呈现一种由上而下衰减的趋势。比如，一个人心里想的是 100% 的信息，但用语言表达出来的往往只有 80%。而当这 80% 的信息进入别人的耳朵时，可能只剩下了 60%，真正能够被人理解、消化了的信息大概只有 40%，等到这些人遵照领悟的 40% 的信息具体行动时，信息已经剩下 20% 了。如此这般，每一层漏掉 20%，就好比信息进了漏斗一样，会层层衰减。

在本案例中，前厅经理心中所想的是 100% 的信息，但她说出来的远不及心中所想的，结果让客人产生了服务不佳的误解。

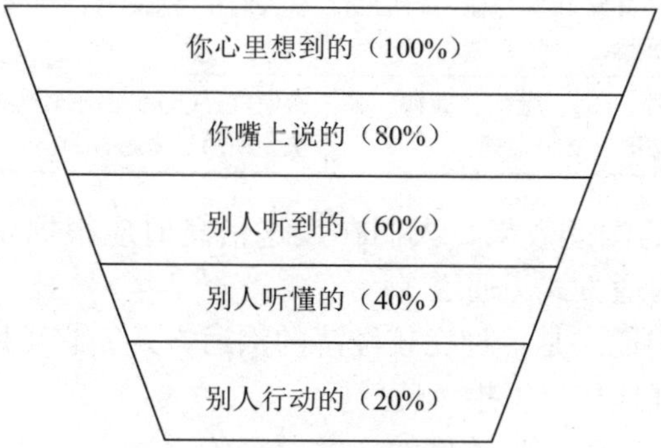

图 1–3 沟通中的"漏斗效应"

（二）沟通通道

沟通通道，又称为沟通方式，是由发送者选择的、借以传递信息的媒介物。不同的信息要求使用不同的通道。如饭店 VIP 的接待安排应采用内部通知这种书面方式，而客房紧急清扫则宜采用口头方式。书面语言、口头语言、身体语言、图像语言以及多种媒体等使沟通通道多样化。近年来，随着 QQ、微信及其他办公软件譬如钉钉的出现，越来越多的企业内部出现了各种各样的沟通群，全员的、部门的、跨部门的都有。有时，人们还会使用两种或两种以上的通道。由于各种通道各有利弊，因此，选择恰当的通道对沟通效果十分重要。常用沟通通道及功能如表 1–1 所示。

表 1–1 常用沟通通道及功能

沟通通道	举例	功用
书面语言	信函、备忘录、报告、提议、记录、合约、指示、议程、通知、规章、笔记、计划、讨论文件等	书面语言是组织间进行沟通的基础。因为它具有相对持久性且便于使用而被广泛采用
口头语言	访谈、会议、电话、辩论、提出请求、听取汇报、通告、演说等	面对面的交谈与电话中的交谈因其具有即时性而被广泛采用，它是组织机构处理日常工作的主要沟通方式
体态语言	手势、面部表情、动作、行为、语气等	体态语言在无意中给他人深刻影响
图像语言	幻灯片、照片、图画、插图、图表、漫画、表格、录像、商标、美术拼贴等	图像语言因其生动地传达着有意识或无意识的信息而被使用
多媒体	利用电脑把文字、图形、影像、动画、声音及视频等媒体信息都数位化，并将其整合在一定的交互式界面上	多媒体技术极大地改变了人们获取信息的手段，符合人们在信息时代的阅读方式
网络沟通	电子邮件、QQ、微信、微博、各种论坛贴吧、支付宝等	微信群、QQ 群由于其传递的信息量大、传递速度快，使用越来越普遍

为了取得良好的沟通效果，人们在发送信息时应根据发送的具体内容、对象，选择最合适的沟通方式（通道）。

（1）电子邮件沟通。是一种比较经济的沟通方式，它可以传递大量的、准确的信息，但不能很好地传递思想、情感。

（2）电话沟通。电话沟通速度快，适用于传递短小信息，进行简单的思想和情感交流。

（3）开会或面对面沟通。这一沟通通道传递的信息、思想、情感最全面，量最大。

（4）书面沟通。书面沟通因为具有相对持久性且便于使用而被广泛采用。其可以传递准确的信息，但传递速度较慢。

（5）图像沟通。图像形象、直观、生动，恰当采用图像或图文并茂的方式进行沟通，往往可以收到良好的沟通效果。

（6）多媒体沟通。是多种沟通方式结合使用的实例，能更好地利用视像材料，实现多人同时进行沟通。

（7）网络沟通。微信、QQ 由于其传递的信息量大、传递速度快，使用越来越普遍。

各种沟通方式各有特点和利弊，在选择使用时往往要因时因地因人而异。在实际生活和工作中，面对面的口头沟通仍然是最有效、最常用的沟通方式。即使是在通信技术高度发达的今天，口头沟通仍然非常重要。

（三）反馈

完整的沟通过程，包括了信息的成功发送与反馈两大过程。没有反馈的沟通过程，容易出现沟通失误或失败。以禅宗提出的一个问题为例："若林中树倒时无人听见，会有声响吗？"答曰："没有。"树倒了，确实会产生声波，但除非有人感知到，否则就是没有声响。沟通只有在接收者感知、理解并做出反馈时，才会真正发生作用。

反馈是指接收者将收到并理解了的信息返回给发送者，以便发送者及时核实接收者是否正确理解了信息。如一个人对自己讲一个笑话，自己笑了，这就是反馈。一个人对当天的天气做出一番评价后，有很多人也发表了意见，这是更多的反馈。为了检验信息沟通的效果，即接收者是否正确、完美、及时地接收并理解了所需要传达的信息，反馈是必不可少和至关重要的环节。在没有得到反馈以前，信息发送者无法确认信息是否已经得到有效的编码、传递、译码与理解。

反馈需要注意以下几点：

1. 反馈并非总是能自觉发生的

如果发送者没有要求反馈，或接收者认为信息已经被完全理解，就没有必要反馈；或接收者由于各种原因不愿意反馈，反馈往往就不会发生。因此，如果发送者想要沟通成功，要求接收者及时进行反馈是必要和重要的。如管理者下达了一项工作任务后，应主动询问下属听明白了没有、还有什么问题，以便及时得到反馈。

2. 反馈可能需要多次完成

有时发送者发现发送的信息没有被理解，他们就会被迫进行第二次甚至更多次的发送。同样，如果接收者发现发送者收到自己的反馈后，再发送回来的信息表明自己的理解有误，则在调整了理解之后，有必要进行第二次或第三次反馈，直到确认自己对信息的理解准确无误为止。

【例 1–6】

"It will do"

一位外宾到酒店总台登记住宿，用英语问接待员房费中是否含早餐，服务员英语水平不够，没听懂，随口回答了"It will do"。客人比较细心，次日早晨又问另一位员工，得到相同的回答。

几天后，外宾退房结账，发现账单中每顿早餐餐费都一一计在账单中。客人不解，最后，酒店大堂副理告知早餐不含在房费内，客人将事情原委说了一遍，问题也没有得到解决。客人怒气冲冲向酒店投诉，并拒付早餐费。最后，酒店同意退还早餐款，并赠送客人两盒茶叶。

[**点评**] 与外宾沟通时需要特别留意，对客人提出的问题应进行确认，直到客人听懂为止，而不能随意回答“It will do”。

3. 反馈不一定是有意的

与信息的发送一样，反馈的发生有时是无意的。如不自觉地流露出的一皱眉、一努嘴等表情，会给发送者反馈许多信息。如员工在上报坏消息时，管理者眉头一皱，员工可能就会欲言又止。因此，我们无论作为信息的发送者还是接收者，都应该尽量控制自己的行为，使沟通中的信息传递和反馈行为处于自我意识的控制状态之下，以确保信息传递和反馈无错误或无多余信息。此外，要注意观察对方无意间流露出来的反馈信息。

（四）背景

沟通总是在一定的背景中发生的。任何形式的沟通，都会受到各种环境因素的有力影响。如研究表明，配偶在场与否，对人们的沟通影响较大。在企业亦是如此，员工在上级办公室与在自己的工作场所，沟通的效果是不同的。所以，从某种意义上讲，沟通既是由沟通者双方把握的，也是由背景环境共同控制的。

1. 心理背景

心理背景，指沟通双方的情绪和态度。它有两方面内涵：一是沟通者自己的心情、情绪。当沟通主体处于兴奋、激动状态与处于悲伤、焦虑状态时，他的沟通意愿、沟通行为是不同的，前者往往是积极的，后者往往是消极的。在后一种情况下，人们的思维处于抑制、混乱状态，编码、译码过程将受到干扰。二是沟通者对对方的感受和态度。如果沟通双方心存芥蒂，就会影响沟通的进程与效果。沟通过程常常由于偏见与好恶而出现误差，导致沟通双方无法准确理解对方信息的含义。

2. 物理背景

物理背景，指沟通发生的场所。不同的物理背景往往会形成不同的沟通气氛，特定的物理环境能造就特定的沟通氛围。物理背景会对人们的沟通形成巨大影响。如在一家高星级饭店里，人们会不自觉改变或调整自己的沟通行为。

3. 社会背景

社会背景，指沟通双方的社会角色关系。对不同的社会角色，应该有不同的沟通方法与模式。如上级可以拍下级的肩头，但倒过来则要慎重。这是因为对应于每一种社会角色关系，人们都有一种特定的沟通方式预期，只有沟通方式符合这种预期时，人们才能接纳这种沟通。这种角色沟通预期有时也会造成沟通障碍，如向上沟通时，下级往往投上级所好，报喜不报忧，给沟通带来负面效应。

4. 文化背景

文化背景，指沟通主体长期的文化积淀，它是沟通主体较稳定的价值取向、思维模式、心理结构的总和。沟通受文化背景的影响，文化背景潜在而深入地影响着每一个人的沟通过程与沟通行为。如美国的管理者习惯使用备忘录、布告等正式渠道来表明自己的观点和看法；而在中国等东方国家，人们习惯用非正式渠道来交流彼此的思想和观点。

【例 1–7】

给土著上课

哈佛商学院的一位教授应邀去非洲给土著讲课。为了表示对听课人的尊敬，他按照上课惯例西装革履。可一上讲台，教授便直冒汗，是天热吗？不是！原来，土著以最高礼遇在听课，不论男女，都戴着项圈，以树叶遮体，几乎没穿什么衣服。第二天，为了入乡随俗，教授便以土著穿戴走上讲台。可是，这一天也让他直冒汗。原来，土著为了照顾教授的感情，吸取了头一天的教训，全部西装革履，一本正经，只有教授一人树叶遮体几乎光着身子站在讲台上。直到第三天，双方才做了很好的沟通，台上台下全都穿上了西装，教授开始正常上课，没有再冒汗。

［**点评**］有效沟通是提高工作效率的前提，管理中的沟通尤为重要。

（五）噪声

噪声，是指干扰沟通正常进行的任何因素，它存在于沟通过程的各个环节中，并有可能造成信息遗漏或失真。

1. 发送噪声

发送噪声，是指发生在沟通过程当中的信息发送环节的噪声。如发送者表达能力不佳、逻辑混乱、词不达意、语句晦涩等，导致他人无法准确对其发出的信息译码，理解其含义。另一方面，与信息接收者一样，信息发送者在信息编码的过程中，也会受到个人兴趣、情绪、思想、愿望等的影响和制约。当信息发送者在编码过程中加入了错误或过量的个人因素，或根据个人喜好对信息进行了过滤，即对应该全部编码的信息进行了知觉性选择，如在向上级汇报工作时报喜不报忧、拖延时间，就会影响到所编码信息的完整性、准确性和及时性。

【例 1–8】

表达出了问题

有个人请客，看看时间过了，还有一大半客人没来，心里很焦急，便说：“怎么搞的，该来的客人还不来？”一些客人听到了，心想：“该来的没来，那我们是不该来的了？”于是，在场的有些客人悄悄地走了。

主人一看又走掉好几位客人，越发着急，便说：“怎么这些不该走的客人，反倒走了呢？”剩下的客人一听：“走了的是不该走的，那我们这些没走的倒是该走的了！”于是，又有些客人走了。

最后只剩下一个跟主人较亲近的朋友，看到这种尴尬的场面，就劝他说：“你说话前应该先考虑一下，否则说错了话就不容易收回来了。”主人大叫冤枉，急忙解释说：“我并不是叫他们走哇！”朋友听了大为光火，说：“不是叫他们走，那就是叫我走了。”说完，头也不回地离开了。

［**点评**］发送者信息编码不够谨慎，没有顾及听者的立场，在无意中伤害了别人，而产生了一些不必要的误会。所谓“言者无心，听者有意”，说的就是这个道理。

2. 传输噪声

传输噪声，是指发生在沟通过程的信息传递过程当中的噪声。人们传递信息时要选择适当的沟通通道或渠道。而在传递渠道中，又有可能出现噪声。如用电话沟通时，电话线路不好，对方无法听清你说的话；用书面正式沟通时，字迹潦草，致使对方无法辨认和准确理解；请人传话时，传话者对信息进行了修改或表述不清……这些问题都属于传输噪声即沟通渠道噪声。

3. 接收噪声

接收噪音，是指沟通过程中信息接收者在接收信息时发生的噪声，它包括两种现象：一是选择性知觉现象。每个人的参照系不同，信息接收者往往会根据个人的主观愿望、需要和理解，对本来完整传递过来并成功解码的信息进行过滤，倾向于只接受那些自己愿意或期望接收的部分信息，而对其余部分信息缺乏兴趣或敏感性。如人们普遍喜欢听好话，不愿意听批评。二是接收者由于受个人经验、思想等方面的局限而无法理解人们所准确传递的信息。比如，你对一个新员工讲专业术语，有可能是“对牛弹琴”，他无法理解。

4. 环境噪声

环境噪声，指的是在沟通过程中，影响沟通效果的一切客观的外在环境干扰因素。如人们进行口头交流时，周围人声嘈杂。

5. 背景噪声

背景噪声，主要是指在沟通过程中，由于沟通背景因素而产生的沟通噪声。沟通背景主要是指沟通过程的心理背景、社会背景和文化背景。

6. 数量噪声

数量噪声，是指在沟通过程中所传递的信息量过大或者严重不足。人们所说的文山会海，就是典型的数量噪声。在企业，有些管理者芝麻大的小事喜欢开个会，有的员工一点鸡毛蒜皮的事就喜欢找上级汇报两三个小时，这些都是信息数量噪声。

三、沟通视窗及运用技巧

沟通作为重要的管理素质之一，已引起越来越多管理者的重视。沟通风格是管理者在信息沟通活动中表现出的个性风格，体现了管理者人际关系的基本结构与面貌。它不仅与组织的凝聚力、生产效率密切相关，而且会影响到员工的工作满意度及其绩效水平。

沟通及沟通风格不良，是目前许多管理者面临的一个主要问题。管理者要学会正确诊断自己的沟通风格，从而改善沟通风格。

（一）沟通风格的心理诊断

深刻理解乔哈瑞视窗（Johari Window）理论是诊断沟通风格的基本前提。

乔哈瑞视窗理论由美国心理学家乔瑟夫・勒夫（Joe・Lufthe）和哈里・英格拉姆（Harry Ingram）在20世纪50年代提出，他们从自我的角度对人际沟通进行了深入的研究，并根据“自己知道—自己不知”和“他人知道—他人不知”这两个维度，将人际沟通划分为四个区域，人们将此理论称为“乔哈瑞视窗”（表1–2）。

表1–2　乔哈瑞视窗

	Known to self	Unknown to self
Known to others	OPEN	BLIND
Unknown to others	HIDDEN	UNKNOWN

OPEN：开放区域　　BLIND：盲目区域

HIDDEN：隐藏区域　　UNKNOWN：未知区域

1. 开放区域

自己和他人都知道的信息，构成开放区。在人际沟通中，个人的日常爱好、态度及习性等通常是自己与他人共知的区域。

2. 隐藏区域

自己知道，而他人不知道的信息，构成隐藏区。个人的价值观、隐私等内容，常常只有当事者清楚，他人则无从知晓。

3. 盲目区域

自己不知道，而他人知道的信息、知识、背景等。个体的某些方面，如兴奋或痛苦状态时的情绪表现，自己的某些可能伤害他人的行为习惯等，往往是自身不甚了解而他人却很清楚的区域。

4. 未知区域

自己和他人都不知道的信息是未知区域。

上述区域类型会随着个体与他人或团体沟通行为的变化而变化。如初次与人见面时，一般人通常不愿过多透露自己的情况，即倾向于缩小开放区，往往给人留下虚假的印象。为了进行有效沟通，人们需要增加与他人的交往，扩大彼此的开放区，同时缩小盲目区和隐藏区，并在相互切磋和探究中开发未知区。

基于达成有效沟通的良好愿望，人们通常使用自我透露和反馈两种策略或技术。自我披露，是个体主动与他人分享某种信息、观点乃至个人情感的过程，用以缩小隐藏区；反馈，则是个体对他人的态度和行为做出种种反应的过程。来自他人的反馈信息，有可能缩小盲目区。反馈与自我披露的交互使用，则有助于缩小未知区。

（二）沟通风格

继乔哈瑞视窗理论之后，许多西方应用心理学家又对沟通风格进行了大量研究，我国研究者在总结乔哈瑞理论等研究成果的基础上，开发出了适合中国国情的《管理者沟通风格诊断问卷》，可将管理者的沟通活动分为如下四种典型风格，但大多数人都兼有两种以上的沟通风格。

1. 开放型

这类管理者既重视信息的自我披露，又注意运用反馈，能在团体中营造出互相宽容信任的开放气氛。他们善于体察下级的需求，鼓励下级积极参与组织事务。这种沟通风格不仅能创造健康和谐的人际氛围，而且能提高团队的工作绩效。

2. 隐秘型

这类管理者的沟通特征具有单一性和防御性，即一味追求他人的反馈信息，却很少披露自我。猜疑和寻求社会认同，是隐秘型管理者的典型心理。在猜疑心的支配下，他们往往为了知道员工的活动和想法而寻求反馈。他们常将个人的情感和评价隐藏起来，提升何人等重大事情常取决于他们深藏的个人好恶。隐秘型管理者也渴望社会认同，为了取得他人的喜爱和认同而寻求反馈。他们认为保持团体的表面和谐或一致是管理工作的宗旨，为达到此目的，他们甚至不惜将大事化小。在进行绩效评价时，他们往往倾向于只谈下级优点，少谈或不谈下级缺点。

3. 盲目型

这类管理者更多地进行自我披露，而忽视了反馈的运用，其管理行为具有“独断”色彩，他们自认为是行家里手，热衷于披露自我信息：如时时发布“某项工作该如何做”“某个问题应如何处理”等指示；他们不屑于从下级那里获取反馈，他们更多地看到下级的缺点，而忽视其优点和潜力。对盲目型管理者，下级往往心怀不满，很少将自己视为组织的一员，整个团队工作绩效不高。如果上下级关系日趋恶劣，下级可能采取强制性反馈手段，如越级上报、向上级告状或隐瞒重要信息来报复管理者。

4. 封闭型

这类管理者的典型特征是，既很少进行自我披露，也很少运用反馈。焦虑和不安全感是封闭型管理者的典型心理，他们经常担心会失去工作或职位，并认为维持现状是唯一安全的策略。此类管理者常用静止不变的眼光看待下级，而且把绩效评价视为浪费时间；他们平时疏于进行上下沟通，下级既得不到及时、充分的激励，也得不到有效的指导。下级对这类管理者怀有敌对和失望情绪。

（三）沟通风格的改善

从上述分析中不难发现，反馈与自我披露是形成管理者沟通风格的两大维度，若能科学恰当地使用反馈与自我披露的功能，能成为改善不良沟通行为、培养积极沟通风格的有效策略。

在企业上下沟通中，管理者应善于倾听下级的反馈，多渠道地收集来自下级的意见与建议，通过建立双向沟通模式，营造出积极健康的组织氛围。此外，社会心理学研究发现，自我披露与人际关系的融合度存在正相关关系，即随着人际关系由浅入深，双方共同心理领域将逐步扩大，个体的自我披露水平也会越来越高。一个组织要创建一种开放性的工作氛围，管理者应首先进行自我披露，打开沟通大门，员工也会随后自我披露，凝聚力自然也会越来越强。

【例 1–9】

IBM 公司的沟通个案

IBM 公司为了获取和倾听员工的反馈，每年投入大量资金来编制调查表，把调查结果作为评价管理者业绩的依据。更重要的是，公司一旦发现问题，便马上派出调查小组，前去解决问题。由于员工知道公司调查后会采取措施，因而能认真对待调查工作。整个调查程序是一个倾听与反馈的双向沟通过程，不仅增强了员工对上司的信任度，而且有助于创造出和睦的集体氛围。

四、有效沟通的障碍

所谓沟通障碍，是指信息在传递和交换的过程中，由于意图受到干扰或误解，而导致沟通失真的现象。人们在沟通信息的过程中，常常会受到各种因素的影响和干扰，使沟通受阻。

（一）组织沟通障碍

在管理中，合理的组织机构有利于信息沟通。但是，如果组织机构过于庞大，中间层次太多，那么，信息从最高决策层传递到下层时不仅容易产生信息的失真，而且还会浪费大量时间，影响信息传递的及时性。有学者统计，如果一条信息在高层管理者那里的正确性是100%，到了信息接收者手里可能只剩下20%的正确性（图1–3）。这是因为，在进行这种沟通时，各级主管部门都会花时间把接收到的信息进行自我甄别，一层一层地过滤，然后按自己的理解和需要向下传递。

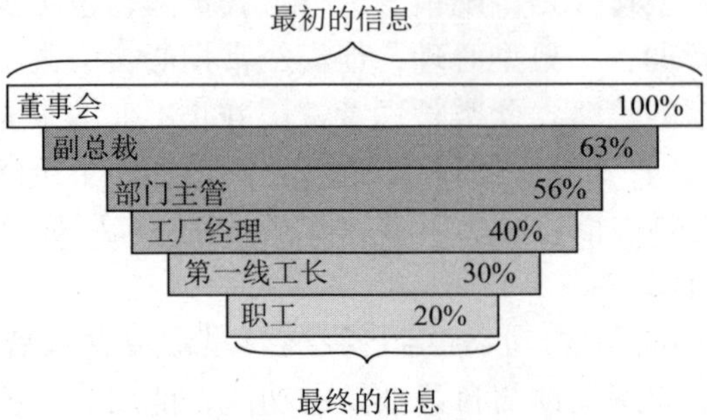

图1–4 信息失真实例

同样，在向上级传递信息时，普遍存在报喜不报忧的现象，即信息的甜蜜化。管理者有可能将断章取义的信息上报。而且，在甄选过程中，还掺杂了大量的主观因素，尤其是当发送的信息涉及发送者本身的利益时，往往会由于心理方面的原因，造成信息失真。这种情况也会使信息的提供者望而却步，不愿提供关键的信息。

【例1–10】

报喜不报忧

某旅行社王总有一天接到一个客人投诉，说王总他们的一个旅游策划项目存在严重问题，线路安排不合理，客人很生气，后果很严重。在此之前，项目经理给王总的汇报显示一切顺利。于是，王总找到这位项目经理详细沟通，追问之下才知道，客人前段时间就已经表现出不满了。

像上面例子中下属员工向上级汇报时进行信息过滤的情况非常常见。主要原因就是怕受到批评，所以只报喜不报忧。这样一来，上司就会认为一切正常，等问题真正暴露出来时就已经比较严重了，处理起来就会更加棘手。

如果企业组织机构臃肿，机构设置不合理，各部门之间职责不清、分工不明，形成多头领导，或因人设事，人浮于事，就会给沟通双方造成一定的心理压力，影响沟通的进行。组织机构的扁平化，有助于提高沟通的效率和效果。

有种接连传话的游戏足以说明问题，在口头沟通中传话的人越多，信息在传递过程中被遗漏失真的可能性就越大。

【例 1–11】

观测哈雷彗星的传话

据说，美军 1910 年的一次命令传递是这样的：

营长对值班军官说：明晚大约 8 点钟，哈雷彗星将可能在这个地区看到，这种彗星每隔 76 年才能看见一次。命令所有士兵着野战服在操场上聚集，我将向他们阐明这一罕见的现象。假如下雨的话，就在礼堂聚集，我为他们放一部有关彗星的影片。

值班军官对连长说：依据营长的命令，明晚 8 点哈雷彗星将在操场上空出现。假如下雨的话，就让士兵穿着野战服列队前往礼堂，这一罕见的现象将在那里出现。

连长对排长说：依据营长的命令，明晚 8 点，非凡的哈雷彗星将身穿野战服在礼堂中出现。假如下雨，营长将下达另一个命令，这种命令每隔 76 年才会出现一次。

排长对班长说：明晚 8 点，营长将带着哈雷彗星在礼堂中出现，这是每隔 76 年才有的事。假如下雨的话，营长将命令彗星穿上野战服到操场上。

班长对士兵说：在明晚 8 点下雨的时候，著名的 76 岁哈雷将军将在营长的陪伴下身着野战服，开着他那彗星牌汽车，经过操场前往礼堂。

［**点评**］管理者在下达工作指令时应尽可能采用书面方式，口头沟通时应尽量减少中间传话环节。

（二）个人沟通障碍

1. 个性因素

沟通在很大程度上受个人心理因素的制约。个体的性格、气质、态度、情绪、见解等的差别，都会成为沟通的障碍。如果一个人对另一个人的说话方式很反感，就会导致两人之间产生沟通障碍。如上级用盛气凌人的语气对下级说话，下级会很反感，这会导致沟通效果不佳。

2. 知识、经验水平的差距

在信息沟通中，如果双方经验水平和知识水平差距过大，就会产生沟通障碍。此外，个体经验差异对沟通也有影响。在现实生活中，沟通的双方往往依据经验去处理信息，使彼此理解的差距被拉大，形成沟通的障碍。

3. 个体记忆不佳

在管理中，沟通往往是依据组织系统分层次逐级传递的；然而，在按层次传递同一条信息时往往会受到个体素质的影响，从而降低沟通的效率。

4. 对信息的态度不同

对信息的态度不同，可分为不同的层次：一是认识差异。在日常工作中，不少员工和管理者忽视信息的现象还很普遍，这对正常沟通设置了很大障碍；二是利益观念。团体中不同的成员对信息有不同的看法，所选择的侧重点也不相同。很多员工只关心与他们的物质利益有关的信息，而不关心组织目标、管理决策等方面的信息，造成了沟通障碍。

5. 相互不信任

有效的沟通要以相互信任为前提，这样，才能使向上反映的情况得到重视，向下传达的决策得以迅速实施。上级在进行信息沟通时，应该不带成见地听取意见，鼓励下级充分阐明自己的见解，这样才能做到思想和感情上的真正沟通，才能接收到全面可靠的信息，才能做出正确的判断与决策。

6. 沟通者的畏惧感以及个人心理品质

在实际工作中，沟通的成败主要取决于上级与下级、领导与员工之间的全面有效的合作。但在很多情况下，这些合作往往会因下属的恐惧心理以及沟通双方的个人心理品质而形成障碍。一方面，如果管理者过分威严，给人造成难以接近的印象，或者管理者缺乏必要的同情心，不愿体恤下情，都容易造成下属的恐惧心理，影响沟通的正常进行。另一方面，不良的心理素质也是造成沟通障碍的因素，如有些人心理比较脆弱，不太容易接受批评。

7. 知觉选择偏差

接收和发送信息，也是一种知觉形式。但是，由于种种原因，人们总是习惯接收部分信息，而摒弃另一部分信息，这就是知觉的选择性。在接收或转述一个信息时，符合自己要求的、与自己有切身利害关系的，人们很容易听进去，而对自己不利的、有可能损害自身利益的，则不容易听进去。凡此种种，都会导致信息被歪曲，影响沟通的顺利进行。

（三）沟通通道障碍

沟通通道出现问题也会影响沟通效果。

沟通通道障碍主要表现在以下几个方面：

（1）选择沟通媒介不当。如对重要事情的沟通，口头传达效果较差。因为信息接收者会因“口说无凭”“随便说说”而不加重视。

（2）几种媒介相互冲突。当信息用几种形式传送时，如果相互之间不协调，会使接收者难以理解传递的信息内容。如领导表扬下属时面部表情很严肃甚至皱着眉头，就会让下属感到迷惑。

（3）沟通渠道过长。组织机构庞大、内部层次多，从最高层传递信息到最底层，从底层员工汇总情况到最高层时，中间环节太多，容易使信息失真。

（4）外部干扰。信息沟通过程中经常会受到自然界各种物理噪声、机器故障的影响或被其他事物干扰，也会因双方距离太远而致沟通不便，影响沟通效果。

五、跨文化沟通

语言是文化的载体，不同文化背景的人进行交流，由于语言表达差异造成的困难和误解是不可避免的。不同文化背景的人会对同一词义有完全不同的理解。如在导游工作中，有的误解会让人觉得莫名其妙。如外国游客到中国机场的“restroom（休息室）”上洗手间，在他们看来，上洗手间就该去“restroom（休息室）”，这是语言直译不考虑文化内涵所造成的后果。

跨文化沟通，通常是指不同文化背景的人之间发生的沟通行为。它可能发生在不同国家间，也可能发生在不同文化背景的群体间。由于工作关系，旅游从业人员在服务中都有机会接待不同国家、民族或地区的客人，不同文化背景的人会对同一词义有完全不同的理解。所谓“百里不同风，千里不同俗”，不同的国家有不同的风俗习惯。与他人沟通时，既要注意地域文化的不同，也要多注意国家、民族习惯的不同，否则就可能发生这样的事情：我们在“编码”给对方时，自以为是好意，对方却认为是一种勉强。

（1）培养跨文化意识。员工需要树立文化差异意识，主动学习主要客源国的语言、句式、文化，结合听说能力的训练，以便更好地与对方进行沟通。有了语言基础后，就可以有针对性地比较沟通对象的文化与自己母语文化的差异。

（2）如果条件允许，可以通过模拟真实情景（通常可以与熟悉目标国文化的人员进行配合），加强语言实践，强化对文化差异的适应能力。

（3）正确对待文化差异，这其中包含了两个认知层次：第一个层次是承认文化差异的存在。第二个层次是正确地对待文化差异，积极学习、适应、包容。既不能有霸权文化意识，也不能有文化自卑意识。

（4）掌握沟通技巧。在语言沟通中，要注意口语交流和书面沟通的不同层面的不同作用。在与对方进行语言沟通的时候，要给对方足够停顿的时间与自己进行语言交换。此外还需注意的是：沟通时不能先假设对方已经理解，而是应该先假设对方不能理解我们的意思，通过不断的检查来估计对方对我们话语的理解能力。

（5）培养非语言沟通技巧。在跨文化沟通时应要留意对方的身体语言。我们可以借助观察对方的手势、面部表情等身体语言来了解其意图。此外，我们也要熟练地使用身体语言，更好地表达自己的意思，以弥补语言沟通障碍的不足。

【例 1–12】

留学生生气了

在某园林式饭店，晚七时许，一位女服务员正在楼层值台。这时，一位外国女宾从客房内走出来，服务员一见，就用中文问了句："小姐，您好！您出去呀？"这位女宾是个留学生，略通中文，她说："你说的'小姐您好'我懂，那'您出去呀'是什么意思？"这位服务员解释道："我们平时见到朋友，习惯问'你出去呀，你去公园，你去工作呀等等。"这位外国女宾只听懂了"出去，公园，工作"几个词，其他就不懂了。女宾听后立即翻了脸，说服务员侮辱她。服务员反复解释，由于语言不通，越解释客人越恼怒。一气之下找到大堂经理投诉，说服务员侮辱她的人格，说她是去公园的拉客女，要求饭店做出解释。在了解了事情真相后，大堂经理代表饭店向客人道了歉。

[**点评**] 对客服务语言必须规范，否则就有可能出差错。本案例中，服务员说话比较随意，没有考虑到外国女宾的文化背景，造成了误会，引起了不必要的麻烦。

六、网络沟通

随着网络科技的发展，网络对于人类的生活方式和沟通行为的影响越来越大。电子邮件、网络电话、网络传真、即时通信等网络沟通方式大大降低了沟通成本，使沟通快捷化、工作便利化，同时也带来了一些问题。

（一）网络沟通的利弊

1. 信息扁平化

在各种沟通平台上，任何人都可以发表意见，且可以直达高层。不再需要中层管理者承上启下，基层员工的意见可以直接让高层看见；中层管理者失去了"信息不对称"而产生的权力；越级汇报变得习以为常，同样打破了跨部门沟通的常规。

2. 信息量大

沟通平台上每个人都可以发声、都在发声，管理者从中能获得的信息越来越多，也越来越容易。

3. 信息量杂

各种各样的即时信息会分散管理者的注意力，管理者会不知不觉中陷入对这些即时信息产生的管理行为中，而忽略了对信息的过滤。到底哪些信息才是最重要的才是管理者们应该关注的重点。

4. 工作流程简化

很多办公软件让管理流程发生改变，例如，原来需要一级一级汇报工作，如今，沟通平台上可以变成同时知会；又如，在网上可以随时随地审批报销流程。

5. 网络依赖性

在即时沟通工具出现之前，企业内部的沟通显得更加郑重，重要的事情通常会当面向上级汇报。但随着沟通工具的出现，人们习惯了利用这些工具沟通工作事宜，不知不觉中产生了网络依赖性。

【例 1–13】

微软公司的“东走西瞧”

世界著名的微软公司为我们创造了 IT 业界发展的“神话”，其公司内部的沟通机制同样为我们提高沟通效果提供了典范。

首先，微软公司的总裁比尔·盖茨坚持利用电子邮件，来加强与部属和员工的联系，他每天上班的第一件事，就是检查电子信箱。同时，公司内部的所有员工通过电子邮件频繁进行信息交流，一本新书、一篇好文章、一种创意、一丝灵感，都是员工电子邮件传递的内容。他们还形象地将这种沟通方式称为“东走西瞧”。尽管有着最快捷、发达、高效的电子沟通介质，公司并没有摒弃传统的非正式沟通形式。

（二）工作群沟通技巧

如今，在工作中利用 QQ、微信沟通越来越普遍。

在利用企业 QQ、微信工作群沟通时应该注意哪些礼仪？如何提高沟通的有效性？

（1）避免在工作群里私聊。QQ、微信工作群的本质是公共交流场所，如果在工作群中私聊，会给群里其他人增加信息负担，并有可能导致其他人错过群里的重要信息。

（2）及时消除“沟通黑洞”。无论是私聊还是在工作群里，收到上级或同事发送的信息或通知，不能看完就结束了，一定要给对方反馈，例如回复“收到”，这是职场礼貌。

（3）平时多积累沟通措辞。在较为重要的沟通中，一定要注意自己的提问方式，避免发“在吗”“方便吗”等消息。可以开门见山说出自己的意图，避免增加双方的沟通成本。

（4）减少发语音信息的次数。一是语音信息不便于回头查阅，二是接收方不一定随时随地都能收听语音信息。能发文字就尽量用文字沟通。

（5）一定要简洁扼要，直达主题，避免增加沟通成本。职场沟通要牢记，重要的事情要用一段话完整陈述。

（6）在群里发完文件后须与对方确认是否收到。重要的事情或者文档一定要跟对方电话确认。如果是紧急事件，而用 QQ、微信难以达到深度交流效果的，最好用电话进行沟通交流。

典型案例

一家饭店的一位主管有一次大发雷霆，原来他看到一份报告上有一个错字，那是个拼写错误，有人把 Believe 写成了 Beleive。

这位主管很是精明能干，可是有个怪毛病，眼睛里容不得任何一个拼写错误。他叫来了那个写错字的员工。

整个走廊都听得见主管的声音："你这混蛋连这么点错误都要犯，你到底读过书没有？e 怎么可能在 i 的前面，记住，i 永远在 e 的前面。"

可是，没过几天，这位可爱的主管又发现了同样的拼写错误，而且又是出自同一人之手。

这次，主管被彻底地激怒了，他叫来了那个"屡教不改"的员工，怒不可遏地冲他咆哮道："你的耳朵长在头上了吗？为什么我说了你不听？"

那位员工很平静，说道："是你说的 i 永远在 e 之前！"主管说："看来你是明知故犯了。"

员工二话没说，随手从桌上拿起一份文件，把上面的 Boeing 字样一笔勾去，写成了 Boieng。

【案例评析】

这个不愉快的结局是由于这位主管的沟通不佳引起的，如果他当时不那么气愤，而是采用一种心平气和的态度，可能就是另一种结果了。沟通不到位不仅会影响自己，也会影响下属、影响整个团队的业绩。

问答题

1. 什么是沟通？画出沟通过程的模型并进行分析。
2. 什么是参照系？举例说明参照系是如何影响人们之间的沟通的。
3. 什么是反馈？如何有效地获取反馈？
4. 沟通噪声有哪些？如何克服？
5. 写出"乔哈瑞视窗"理论并进行分析。
6. 分析自己的沟通风格，提出改进意见。
7. 有效沟通有哪些障碍？如何克服这些障碍？
8. 联系实际，谈谈如何更好地利用网络进行沟通交流？

判断题

1. 沟通就是我说、你听。
2. 信息只有被接收和理解了，沟通过程才算完整。
3. 沟通的层次与沟通的效率成正比。
4. 不同意见之间的争论也是一种有效的沟通方式。

小组练习

1. 目的

解除强加在自己身上的障碍，接收反馈信息，以信息共享方式精确认识自我形象和知觉偏差。

2. 方法步骤

步骤一：组成5~7人的小组，每个人都准备好笔和纸。每个人在每张纸的上端，分别写出组内一个成员的名字（包括自己）。

步骤二：每个人写上关于这个人的5种个人品质或5种工作习惯/特点或5条优点/缺点。

步骤三：所写各项都是人们对组内每个成员（包括自己）的感性认识。

步骤四：将纸交给组内相关成员。

步骤五：每个成员轮流朗声读出：

①别人对自己的感性认识（如有不明之处可以请求解释）。

②自己对自己的感性认识。

小组讨论所出现的知觉差异及其产生的原因。

案例分析

案例一

一家总公司董事长吩咐其秘书："你帮我查一查我们有多少人在华盛顿工作，星期四的会议上总经理将会问到这一情况，我希望准备得详细一点。"于是，这位秘书打电话告诉华盛顿分公司的秘书："董事长需要一份你们公司所有工作人员的名单和档案，请准备一下，我们在两天内需要。"分公司的秘书又告诉其经理："董事长需要一份我们公司所有工作人员的名单和档案，可能还有其他材料，需要尽快送到。"结果第二天早晨，四大箱航空邮件到了总公司大楼。

案例二

英国著名的维多利亚女王，与其丈夫相亲相爱，感情和谐。但是维多利亚女王乃是一国之王，成天忙于公务，出入于社交场合，而她的丈夫阿尔伯特却和她相反，对政治不太关心，对社交活动也没有多大的兴趣，因此两人有时也闹些别扭。有一天，维多利亚女王去参加社交活动，而阿尔伯特没有去，已是夜深了，女王才回到寝宫，只见房门紧闭着。女王走上前去敲门。

房内阿尔伯特问："谁？"

女王回答："我是女王。"

门没有开，女王再次敲门。

房内阿尔伯特问："谁呀？"

女王回答："维多利亚。"

门还是没开。女王徘徊了半晌，又上前敲门。

房内的阿尔伯特仍然问："谁呀？"

女王温柔地回答："你的妻子。"

这时，门开了，丈夫阿尔伯特伸出热情的双手把女王拉了进去。

问题： 你从这两个案例中得到了什么启示？

单元二

有效沟通技巧

学习目标

掌握有效发送信息的技巧，提高表达能力，学会倾听、反馈，掌握体态语言的基本原理及具体运用方法。

学习内容

◆有效发送信息的技巧

◆关键的沟通技巧——倾听

◆有效反馈技巧

◆有效体态语言

在沟通中，有时会出现沟通双方对语言表达费解的现象，影响到沟通者对信息理解的准确性。本来发出的信息是这样的意思，别人得到的信息却是另外一种意思。因此，在沟通时，我们要采取一定的措施，避免信息传递错误。为获取更多的信息，我们还要善于倾听他人传递过来的信息。沟通后，及时总结，自己有哪些地方做得不错，有哪些地方做得不够并及时改进，不断提高自己的沟通能力。

有效沟通常见问题：

（1）表达能力欠佳

（2）无效率地听

（3）不重视反馈

（4）体态语言运用不够

（5）情绪化

通过探讨沟通的定义、过程及其要素，我们了解到沟通并不是一个永远有效的过程。要达成有效的沟通，必须遵循一定的原理，只有遵循这些基本原理，人们想要传递的信息才能像预期的那样及时、准确、完整。

一、遵循信息有效发送的原理

信息的生命在于传递。因此，要进行有效沟通，必须在信息传递上下工夫。

作为信息发送者，在发送信息时应遵循“5W1H”分析法。

“5W1H”分析法是由 5 个 W 开头的英文单词和 1 个 H 开头的英文单词组成。5W 是指：Who（何人）、What（何事），When（何时）、Where（何地）、Why（何因），1H 是指 How（何法）。

“5W1H”最早是由美国政治学家拉斯维尔于 1932 年提出，时称“5W1H”分析法，后经人们的不断运用和总结，逐步形成了一套成熟的“5W + 1H”模式。“5W1H”分析法为人们提供了科学的工作分析方法，常常被运用到制订计划草案上和对工作的分析与规划中。它能使我们的工作更有效地执行，从而大大提高了工作效率。

在沟通中，不论与对方所进行的交谈是正式的还是非正式的，若想取得良好的效果，就必须运用“5W1H”分析法。

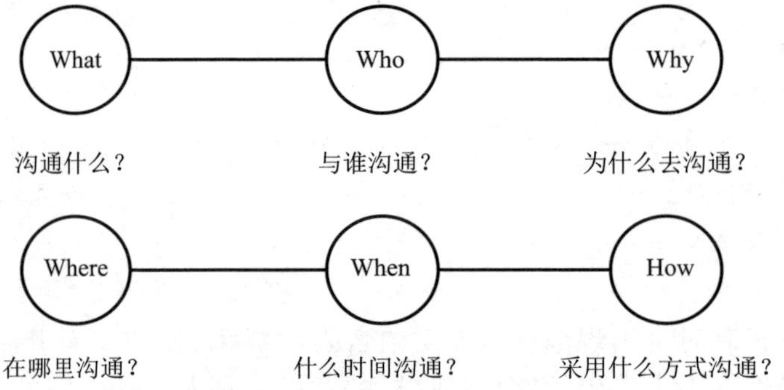

图 2–1 “5W1H 分析法”

（一）明确发送的内容——What

信息的内容是沟通的实质，不存在没有任何内容的沟通。因此，在沟通开始前，发送者应该对信息的内容做适当准备，哪些该说，说到什么程度，哪些不该说，要对想要表达的内容了然于胸，抓住中心思想。

信息的内容应该清晰简洁，用词准确，避免模糊不清或容易引起误解的表述。专业术语在基本确认对方能够理解的情况下方可使用。同时还应注意信息的载体，如语音、语调、肢体语言的不同运用，使对方能有效接收所传递的信息。

（二）明确发送信息的目的——Why

沟通要有一个明确的目标，这是沟通成功与否最重要的前提。在与他人沟通的时候，见面的第一句话应该说：

“这次我找你的目的是……”

“今天我们开会的目的是……”

沟通时的第一句话要说出自己要达到的目的，这是非常重要的，这也是沟通技巧在行为上的一个表现。

明确发送信息的目的，可以使我们更好地与他人沟通。例如：批评对方的目的是为了使其改正错误。某个员工在工作中出了差错，主管找他谈话的目的是帮助他找出出错的原因，共同商讨如何在今后的工作中避免类似差错的出现。明确了这一目的，主管可以通过各种方式与员工交流。如果目的不明确，主管就可能无休止地批评、抱怨下属，其结果只会使下属感到自卑或产生抵触情绪，而问题则会由一个变成两个……

（三）考虑接收者的情况——Who

并非所有的信息发送者都能意识到沟通过程的另外一半——信息接收者的重要性。发送信息时需要考虑谁是信息的接收对象：

——了解接收者的背景；

——了解接收者的观念；

——了解接收者的需要；

——了解接收者的情绪。

在工作中，我们常常听到管理者这样抱怨："这件事情我说了多少遍，他们（员工）就是不听。"其实，管理者应该明白，信息接收者往往拥有与发送者不同的参照系，你认为重要的，他们可能觉得无所谓。

如由于工作需要，饭店员工加班加点，不同年代的员工，对加班的态度有很大的区别。20 世纪 70 年代出生的员工会认为，加班就加班，不给钱也加班；80 后员工会这样想，给钱就加班，不给不加班；90 后员工则会提出，给钱也不加班。所以，要求员工加班时，必须考虑不同员工的参照系。

大多数管理者认为，获取工资收入是职工工作最重要的动因，因此动辄就告诉员工："你再这样，我就要扣发你的奖金。"其实这样很难达到预期的沟通效果。

有企业在员工中进行了一次调研，总结出五种最能激励员工的参照系：

✧ 挑战（目标、风险、变革和学习）

✧ 因做好一项工作而得到认可

✧ 归属感（团队精神、建议和机会）

✧ 职位安全感

✧ 工资收入

管理者在发送信息时，必须考虑到接收者的观念、需要和情绪，区分对象，因人而异。例如，对一线员工用其根本听不懂的科技语言来传递信息，你可能认为"非常明确"，可是他们却一点儿也听不懂，结果只能是信息接收不畅，沟通无效。

【例 2-1】

秀才买柴

有一个秀才去买柴，他对卖柴的人说："荷薪者过来！"卖柴的人听不懂"荷薪者"（担柴的人）三个字，但是听得懂"过来"两个字，于是把柴担到秀才前面。秀才问他："其价如何？"卖柴的人听不太懂这句话，但是听得懂"价"这个字，于是就告诉秀才价钱。秀才接着说："外实而内虚，烟多而焰少，请损之。"（你的木柴外表是干的，里头却是湿的，燃烧起来浓烟多而火焰小，请减些价钱吧。）卖柴的人因为听不懂秀才的话，于是担着柴走了。

[**点评**] 不成交的原因是秀才用了太多修饰的词语，而卖柴的人根本听不懂，所以达不成买柴的目的。如果秀才用简单易懂的词语来传达信息，那一切就很容易了。

（四）选择合适的时间——When

沟通要选择有利的时机。常见的情况是，管理者常常一上班就批评训斥下级，搞得下级一整天情绪都不好。记住，如果不是紧急的事，最好在员工下班时批评员工。又如，奖罚要及时，否则，事过境迁，效果就会大打折扣。召开班前会时，注意多鼓励和表扬员工，调节员工情绪，使员工一上班就有一个良好的状态，能全身心投入到一天的工作中去。

【例 2-2】

赏不逾时

某家公司在创业初期遇到了一个技术难题，正当公司总经理一筹莫展时，一位技术人员提出了一个有价值的解决方案，总经理一时拿不出合适的奖品，就在办公桌中找到了一根香蕉奖给了那位技术人员。被奖的人十分感动，香蕉虽然并不贵重，但自己的努力得到了领导的肯定。

"赏不逾时"的及时性，可以使被鼓励者一鼓作气，将热情继续下去，对周围其他人也能产生强烈的带动作用。

及时鼓励是有效激励的重要方法之一。

机不可失，失不再来，无论是表扬、道歉还是批评，沟通要选择一个有利的时机。

道歉的最佳时机是事发当天，因为道歉晚了就毫无意义，当场、当天的道歉才是最有意义的。如开会时员工和上级起了冲突，员工和上级都坚持自己的意见，因而吵了起来。回到座位后，员工发现原来是自己错了，这时员工就应该马上起身去道歉。因为迟来的道歉毫无意义。即使对方表面接受，也不会真的从内心接受。

履行承诺也是如此。向别人承诺一件事情时，一定要在承诺的截止时间之前履行承诺，绝不能比自己承诺的截止时间晚。每一次迟于承诺的行动都会减少对方对自己的信任度。做到这一点，需要谨慎地做出承诺。比如，上级交给自己一项工作，问什么时候可以完成。如果预计自己周三可以完成，那就最好向领导承诺周五前完成，然后周三完成任务并交给领导。

（五）选择合适的地点——Where

管理者选择在自己办公室与下属谈话和选择在员工工作区域与下属谈话，对下属的心理影响是有明显区别的，也会直接影响谈话效果。沟通时，我们需要先思考一下，什么样的事情需要一个正式的场合，什么样的事情可以在一个较为宽松或随意的环境下沟通。下达工作任务最好选择在一个比较安静的环境里。平时与员工进行感情投资时，可以选择在员工餐厅，这样气氛会比较轻松，可以边用餐边交流。

营销部经理要求财务部改善服务态度的建议，就不宜在正式场合如会场上提出，而应在平时与财务部经理进行“私下”沟通，否则会被人误解为“发难”或“告状”。营销人员与客人前期预热洽谈时，则不一定在办公室这样的正式场合进行，选择茶室、咖啡厅等休闲的地方则更为合适。

（六）选择恰当的发送方式——How

有效的信息发送方式在沟通中十分重要，这就要求我们要针对沟通对象和目的的不同选择不同的发送方式。信息发送方式很多，比如开会、打电话、写亲笔信件、发电子邮件、面谈等。

为获得良好的沟通效果，我们在发送信息时应根据发送的具体内容，选择最合适的沟通方式。“表扬一个人最好用公告，批评一个人最好用电话。”这句话道出了恰当选择沟通方式的重要性。如果是一般情况的信息沟通，通过信件、电话、邮件就可以解决；如果是为了交流感情和增加信任感，在合适的时间、地点面谈为好。

（1）电子邮件。电子邮件可以传递大量、准确的信息，但不能很好地传递思想、情感。

（2）电话。电话沟通速度快，适用于传递短小信息，表达简单的思想和情感。

（3）开会或面对面。开会或面对面传递信息，传达思想、情感最全面，信息量最大。

（4）书面。因为书面沟通具有相对持久性且便于使用而被广泛使用。它可以传递准确的信息，但传递速度较慢。

（5）图形。图形形象、直观、生动，饭店许多标志往往采用图形形式。

（6）多媒体。是多种方式结合使用的实例，多媒体使我们能更好地利用视像材料。当与许多人尤其是与大型组织的员工进行沟通时，多媒体越来越受到青睐。

（7）QQ、微信工作群。QQ、微信工作群可以消除时间与空间的壁垒，使沟通更为方便、快捷、高效，且节省资费，有利于部门之间协同作战，快速有效地解决工作上遇到的问题，提高工作效率。这种沟通方式还让各级管理人员随时随地掌握工作进度，也为上下级平等互动提供了方便。其不足是，一些企业建立了多个微信群，一个员工同时在数个微信群里，微信群泛滥，给员工带来了负担。上班时间不看手机微信，又会错过很多重要信息，但经常看微信，又会分神，无法专心投入工作，造成工作效率低下。

由于各种沟通方式都有各自的特点和利弊，因此，在选择沟通方式时往往要因时因地因人制宜。

在进行重要沟通或大型沟通如员工培训时，应考虑周全，采用多层次、多方式组合型的沟通通道来进行全面沟通；

信息必须广泛传播或必须被保留时，应采用报告、备忘录、信函等文字形式；

在紧急时刻，用简练的语言告诉下属该如何做，这种方式易于理解，假如这时拿一大本书面资料要他看，显然是不可取的。

可见，沟通方式的选择对于沟通效果起着十分重要的作用。但在实际生活和工作中，面对面口头沟通通道仍然是最有效、最常用的沟通通道。即使是在通信技术高度发达的今天，口头通道仍然不减其重要性。就连美国总统大选，候选人也总是尽可能多地利用口头通道进行沟通：周游全国，亲自在公众面前演讲甚至答问。

【例 2–3】

员工辞职了

某公司有统一着装的要求，可是一名年轻员工总是不穿制服来上班，这让主管非常不满。一天，主管忍不住当着众多同事的面批评了年轻人。

主管说："请你以后注意影响，上面领导或客人见到这样的你，还以为我们部门工作都很散漫呢。总是这样，什么人啊你。"

在这么多人面前挨批，又是因为一个看上去无伤大雅的问题，太下不来台了，年轻人因而当着大家的面顶撞了主管，并辞职不干了。

实际上，这样的事情，主管完全可以私下找员工解决。主官可以这样跟员工说："我知道你是年轻人，追求个性，想与众不同，年轻人嘛，爱美！但是上班时间，还是要注意一下影响。万一被客人看到，还以为咱们公司管理很松散，员工都不齐心，不给我们订单了，那我们岂不都要失业了。”

这样做既照顾了员工面子，又指出了其错误，员工也更容易接受。

［**点评**］在合适的地点、合适的时间批评犯错的员工，才是一个管理者的高明之处。

二、提高语言技巧

提高语言技巧，关键要做好以下几方面的工作：

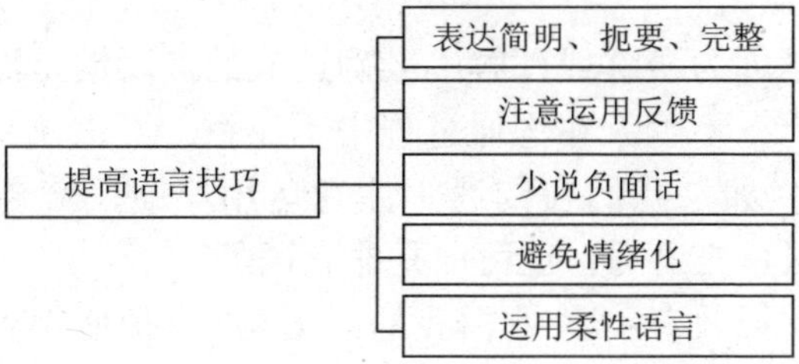

（一）表达简明、扼要、完整

说话拖泥带水，说了半天也说不清楚，或是以为对方没有明白，一个观点重复了半天，很快就会使对方丧失继续听下去的耐心。因此，我们在表达之前，应尽量做好准备，将要达到的目的、主要内容、如何进行表述粗略地组织一下，估计一下需要多少时间，尽可能在这个时间内结束表达。

由于语言可能成为沟通的障碍，因此应尽可能简化语言，以使信息清楚明确，方便被接收者理解。我们不仅要简化语言，还要考虑信息所指向对象的自身特点，使所用的语言适合于接收者。有效沟通不仅需要信息被接收，而且需要信息被理解。通过简化语言可以提高理解效果。特别是在传递重要信息时，为了将语言问题造成的不利影响减小到最低程度，我们可以先把信息告诉不熟悉这一内容的人，看其是否能正确理解。

【例 2–4】

语言表达

试比较下列三组语言沟通效果：

第一组：

A. 明天旅游团队到饭店的时间有变化，请相应调整。

B. 明天 30 人旅游团队客人提前到下午 3 点到饭店，请通知楼层全体成员加快做好客房的准备工作。

第二组：

A. 本周的例会后我要外出，所以会议时间要缩短，比平时稍短一些。

B. 本周的例会缩短 10 分钟，因为会后我有事要外出，严禁迟到。

第三组：

A. 中午吃过饭后我们就在之前碰头的地方见面吧。

B. 今天下午 1 点在山水大酒店大厅见面。

显而易见，B 句的表述更加浅显易懂。

（二）注意运用反馈

很多沟通问题是因为误解或理解不准确造成的。反馈是沟通过程中或沟通结束时的一个关键环节，不少人在沟通过程中不注意、不重视或者忽略了反馈，沟通效果就打了折扣。如果我们在沟通中注意运用反馈，就会减少这些问题的出现。这里的反馈可以是言语的，也可以是非言语的。

当信息发送者问接收者："你明白我的话了吗？"他所得到的答复便代表着反馈。但反馈并不仅仅包括是或否的回答。为了核实信息是否按原有的意图被接收，发送者可以询问有关该信息的一系列问题。如让接收者用自己的话复述信息，如果发送者听到的复述正如本意，说明沟通是成功的。有时，行动比语言更为明确，发送者也可以观察对方的眼睛及其他非言语线索，以了解其是否接收了自己的信息。

作为信息的接收者，不少人在沟通中以为自己听懂了对方的意思，可是在实际操作过程中却与对方发送的信息内容有很大出入。其实，在双方沟通时，多问一句"您说的是不是这个意思……""请您再说一下，好吗？""我理解您的意思是不是……"问题自然就解决了。

（三）少说负面话

在工作和生活中，有些人会不自觉地犯爱讲负面话的毛病，说起话来总带着不满意的、抱怨的口气。总觉得别人和自己过不去。有些管理者上班一开口，就先批评这个员工这里不是、那个下属那里不对。打起电话来先怪对方为什么响了好几声都不接，聊起天来必是这个人不是、那个人不对。跟这种管理者交往，好像世上没有几件能让他（她）称心如意的事。

爱讲负面话的人，有时是过于理想化，用自己理想化的模式，去套生活和工作中的现实，结果常常事与愿违。还有的人是看问题过于狭隘，只考虑自己，不顾及他人，凡是不对自己脾气的，都一概予以否定。在企业中，有的管理者用放大镜甚至是显微镜看人，将下属微不足道的缺点放大。

少说负面话的关键，是要有一个积极乐观的心态。生活中并不缺少美，而是缺少发现美的心态。"只剩下 5 发子弹了"，悲观的人会这样说；"还有 5 发子弹呢”，积极的人会这样说。积极的心态，就是相信“办法总比困难多”“我一定能赢”“我一定能完成这个任务”。积极的人是不会只带着问题来的，他一定会同时带来了答案，即使这个答案很糟糕。

【例 2–5】

如此看问题

一位老太太有两个女儿，大女儿卖雨伞，小女儿卖冰棍。晴天雨伞卖不出去，老太太就埋怨老天为什么不下雨；雨天冰棍卖不动，老太太就抱怨为什么不赶快出太阳。后来有人开导她说，晴天你小女儿冰棍卖得火，雨天你大女儿雨伞卖得快，你天天都有高兴事，还有什么可埋怨的呢？老太太一想，果然！于是脸上便由阴转晴，心情也一下子好起来了。

［**点评**］无论在日常生活还是在工作中，与人相处，都要有良好的心态，要注意发现对方身上的闪光点。有时还需要用自己身上的闪光点去照亮别人，让大家的心境都明亮开朗起来，都来支持配合自己的工作。

【例 2–6】

卖鞋子的故事

一个公司有两家鞋厂，各派一位推销员到太平洋上的一个小岛推销鞋子。这个岛地处热带，岛上居民一年四季都光着脚，全岛上找不出一双鞋子。

甲厂的推销员很失望，给公司本部拍了一份电报：“岛上无人穿鞋，没有市场。”第二天，他就回国了。乙厂的推销员看到岛上没人穿鞋，心中大喜，他住了下来，并给公司拍了电报：“岛上无人穿鞋，市场潜力很大，请速寄 100 双鞋来。”等适合岛上居民穿的软塑料凉鞋寄到岛上，这个推销员已与岛上的居民混熟了，他把 99 双凉鞋送给了岛上有名望的人和一些年轻人，自己留了一双穿。这种鞋不怕进水，又可保护脚不受蚊虫叮咬和石块戳伤，岛上居民穿上之后都觉得很舒服，不愿再脱下来。时机已到，推销员马上从公司运来大批鞋子，很快销售一空。一年后，岛上居民全部穿上了鞋子。

［**点评**］同一个岛屿、同样赤脚的人，第一个推销员失望地放弃努力，失败沮丧而回。第二个推销员惊喜万分，最后成功而归。成败之间，他们的差异在于心态是积极的还是消极的。这启示我们，管理人员在日常工作中需要保持积极乐观的心态，自信、有激情，充分发挥员工斗志，激励员工，努力拼搏，积极向前。

图 2–2　拥有自己的晴雨表

（四）避免情绪化

沟通双方的情绪会使信息的传递严重受阻或失真。带着情绪沟通常常话无好话，很容易因为冲动而失去理性，如：吵得不可开交的夫妻、反目成仇的父母子女、对峙已久的上司下属等。不管你如何措辞，对方听到的将是你的怒气而非信息本身，信息被埋藏在情绪下面，而情绪却成了传出的信息。在这种情况下你应该怎么办？最简单的办法是暂停沟通直至自己恢复平静。

美国耶鲁大学心理学家彼得·萨络维在 20 世纪 90 年代初创造了“情绪智商”这一术语，简称“情商”。

情商的基本含义为：

（1）认识自己的情绪。知道自己现在的情绪和状态。

（2）妥善控制情绪。在认识自己情绪的情况下，善于控制情绪。

（3）自我激励。随时激励自己振作精神，乐观向上而不受其他因素影响。

（4）认知他人的情绪。即能够察言观色，清楚地了解对方的情绪以及在这种情绪支配下可能做出的行为。

有人说，从员工挨骂时的应对就可以看出他（她）属于什么级别。下面是他们挨骂时的不同处理方式：

客人来电：你娘的！

初级服务员：呜呜哭起来。

中级服务员：先生请息怒，您有什么需要？

高级服务员：先生，家母身体很好，谢谢您的关心，请问您有什么需要我为您服务的？

高级服务员这样沟通，是否可以平息对方的怒气呢？

【例 2–7】

钉子被拔出后

从前有一个坏脾气的男孩，他父亲给了他一袋钉子。并且告诉他，每当他发脾气的时候就钉一根钉子在后院自家的围栏上。第一天，这个男孩钉下了 37 根钉子。慢慢地，每天钉的钉子少了，他发现控制自己的脾气要比钉钉子容易。于是，有一天，这个男孩再也不乱发脾气了。他告诉父亲这件事情。父亲又说，现在开始，每当他能控制自己脾气的时候，就拔出一根钉子。一天天过去了，最后男孩告诉父亲，他终于把所有钉子给拔出来了。

父亲握着他的手，来到后院说："你做得很好，我的好孩子，但是看看那些围栏上的洞，它们永远不能恢复到从前的样子了。你生气的时候说的话就像这些钉子一样留下了疤痕。如果你拿刀子捅别人一刀，不管你说了多少次对不起，那个伤口将永远存在。话语的伤痛就像真实的伤痛一样令人无法承受。"

【例 2–8】

为什么我要让他决定我的行为?

美国专栏作家哈理斯（Sydney J.Harries）和朋友在报摊上买报纸，朋友礼貌地对报贩说了声谢谢，但报贩却冷言冷语。

"这家伙态度很差，是不是？"他们继续前行时，哈理斯问道。

"他每天晚上都是这样的！"朋友说。

"那么你为什么还是对他那么客气？"哈理斯问他。

朋友答道："为什么我要让他决定我的行为？"

［**点评**］一个成熟的人握住自己快乐的钥匙，他不期待别人使他快乐，反而能将快乐与幸福带给别人。每个人心中都有把"快乐的钥匙"，但我们却常常在不知不觉中把它交给别人掌管。

（五）运用柔性语言

柔和而甜美的语言常常使人身心愉悦，我们称这种语言为"柔性语言"。

柔性语言表现为语气亲切、语调柔和、措辞委婉、说理自然，常用商讨的口吻与人沟通，有较强的说服力。在服务过程中注意运用柔性语言，往往能达到以柔克刚的效果。如游客上旅游大巴有争抢座位的现象，导游人员使用的语言可能有以下四种：

A."不要抢座位！"

B."大家急什么啊！"

C."请照顾一下，儿童和女士优先！"

D.“你们有点素质好不好！”

其中，“请照顾一下，儿童和女士优先”就属于柔性语言。

服务工作中常用的柔性语言可以分为下几类：

1. 感同身受类

您的心情我可以理解，我马上为您处理。

我非常理解您的心情，我们一定会竭尽全力为您解决的。

如果我碰到像您这么多的麻烦，也会是您现在这样的心情。

我非常理解 / 真的很能理解您的心情，请放心，我们一定会查清楚，给您一个满意的答复。

如果是我，也会很着急的。

我与您有同感。

是挺让人生气的。

2. 尊重对方类

先生 / 女士，欢迎光临，您是我们的常客了。

您是长期支持我们的常客了。

您对我们的工作这么熟，肯定是我们的常客，不好意思，出现这样的失误，太抱歉了。

先生 / 女士，我们对客人的意见是非常重视的，我们会将您说的情况尽快反映给相关部门。

3. 用“我”代替您

原话	替代用语
您需要	我建议…… 您看是不是可以这样……
您把我搞糊涂了	我不太明白，能否再重复一下您的问题
您搞错了	我觉得可能是我们存在误会
我已经说得很清楚了	可能是我没解释清楚，让您误解了
您听明白了吗	请问我说清楚了吗
啊，您说什么	对不起，我没有听明白，请您再说一遍好吗

4. 让对方“等”的话术

感谢您的耐心等候。

不好意思，耽误您的时间了。

查询需要一些时间，不好意思，要耽误（您）一点时间了。

先生 / 女士，请您稍等片刻，我马上为您查询。

先生／女士，谢谢您的等待，已经帮您查询到……（帮您查询到的结果是……）

5. 拒绝的艺术

先生／女士，您的心情我能够理解，那您希望我们怎样帮您解决这个问题呢？

先生／女士，我很能理解您的想法，但非常抱歉，您的具体要求我们暂时无法满足，我会先把您遇到的情况反馈给相关部门，核查后再与您联络好吗？

您说的这些确实有一定的道理，如果我们能帮您，一定会尽力的，帮不到您的地方，也请您谅解。

我们目前暂时无法立刻去处理或解决这件事情，但我们可以做到的是……

先生／女士，非常感谢您的反馈，我们会尽最大努力改进这方面的工作，也希望您能一如既往地支持和监督我们的工作，谢谢！

三、学会积极倾听

听，在沟通中所占的比重是 40%；说，占 35%（见图 2-3）。听，在人际交往中起着非常重要的作用，大多数人在人际关系中要花去 40% 以上的时间有意识或无意识地听别人说话。

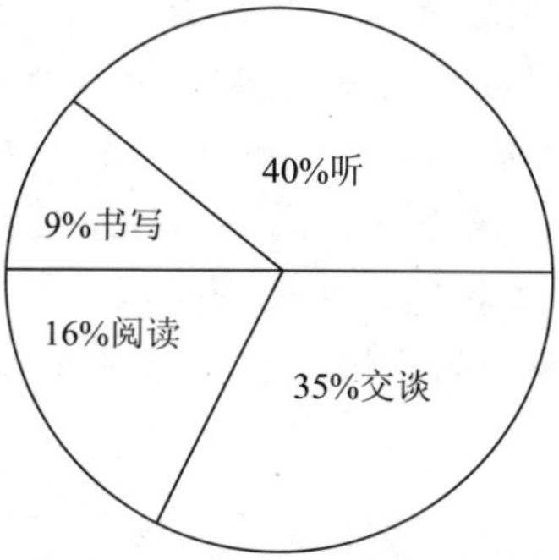

图 2-3　沟通行为及所占比例

沟通中的倾听，是指站在人际沟通的角度，弄懂别人传递的信息的过程。倾听有助于了解沟通双方的看法和态度。有一句西方谚语表达了人们应更多地注重倾听：“上帝给我们两只耳朵，却只给了一张嘴巴，其用意是要我们少说多听。”

听是人类的一种基本的技能，交流是听和说的艺术。很多管理者根本没有意识到听的重要性，他们不是在讲就是准备要讲。实际上，水平高的领导，往往是更多地去听别人，而不是滔滔不绝地讲给别人听。在某种程度上，听是我们在沟通中最重要的技巧。倾听是管理者获取第一手信息、正确认识他人的重要途径，也是管理者向他人表示尊重的最好方式。

美国著名学者戴尔·卡耐基在谈到如何寻求他人的意见与自己一致时指出：“多数人在要促成别人的意见同他们的一致的时候，他们自己说话太多……如果你不同意他，你或许会去阻止，但不要这样，这样是危险的。当别人还有许多意见急于发表的时候，是不会注意你的。所以要忍耐着并用一颗开放的心静听，要诚恳，鼓励对方完全地发表他的意见。”“使对方多说话”是处置抱怨的安全门。

William.R.Tracey 曾在《关键技能》一书中建议：

人力资源经理花 65% 的时间倾听，花 25% 的时间发言，余下 10% 的时间才用于阅读和写作。

可见，倾听对于沟通的重要性。

【例 2–9】

“听”的重要性

乔·吉拉德被誉为当今世界最伟大的推销员，回忆往事时，他经常讲到下面这件令他终生难忘的事。

在一次推销中，乔·吉拉德与客户洽谈顺利，正当快签约成交时，对方却突然变了卦。煮熟的鸭子竟然要飞了！当天晚上，按照顾客留下的地址，乔·吉拉德找上门去求教。客户见他满脸真诚，就实话实说：“你的失败是由于你没有自始至终听我讲话。就在我准备签约前，我提到我的独生子即将上大学，而且还提到他的运动成绩和他将来的抱负。我是以他为荣的，但是你当时却没有任何反应，而且还转过头去用手机和别人通电话，我一恼就改变主意了！”

这番话重重提醒了乔·吉拉德，使他领悟到“听”的重要性，让他认识到如果不能自始至终倾听对方讲话的内容，认同客户的心理感受，就会失去自己的客户。

听比说的内容更多，但从小到大总有人培养我们去演讲，很少有人培养我们去倾听。而多数人都认为自己是善于倾听的人。然而，相关研究表明，人们平均只发挥了 1/4 的倾听水平。很多时候大家都认为自己在倾听。人们似乎相信，因为有耳朵，所以就在听，犹如相信因为有眼睛所以会读书一样。而我们没有意识到的是，有关倾听的坏毛病妨碍了倾听，如打断他人、易受干扰、匆匆定论等。

（一）听的层次

1. 听而不闻

所谓听而不闻，简言之，可以说是不做任何努力地去听，我们可以从听者的体态语言看出，他们的眼神没有和你交流，他们可能会左顾右盼，他的身体也可能会倒向一边。听而不闻，意味着不可能有一个好的沟通结果。我们不妨回忆一下，在平时工作中，什么时候会听而不闻？如何处理听而不闻？

2. 假装在听

假装倾听，就是要做出倾听的样子让对方看到，当然，假装倾听也没有用心在听。在工作中常有假装倾听现象的发生，例如，上级对下级谈话时，下级惧怕上级的权力，所以做出倾听的样子，实际上没有听。假装倾听的人会努力做出倾听的样子，他的身体大幅度前倾，甚至用手托着下巴，但实际上是没有听。

3. 有选择地听

选择性地倾听，就是只听一部分内容，倾向于倾听所期望或想听到的内容，如上级都希望听到好信息，对坏消息则有一种抗拒心理；员工都愿意听到上级的赞赏声，不愿听到批评声。选择性地倾听，同样也不是一种好的倾听方式。

4. 专注地听

在对方讲话时，眼神能看着对方，抛开成见，专注倾听，认真地听对方讲话的内容，同时与自己的亲身经历做比较。

5. 设身处地倾听

不仅是听，而且努力在理解讲话者所说的内容，所以用心和脑，站在对方的利益上去听、去理解，这才是真正的、设身处地地倾听。设身处地地倾听是为了理解对方，多从对方的角度着想：他为什么要这么说？他这么说是为了表达什么样的信息、思想和情感？

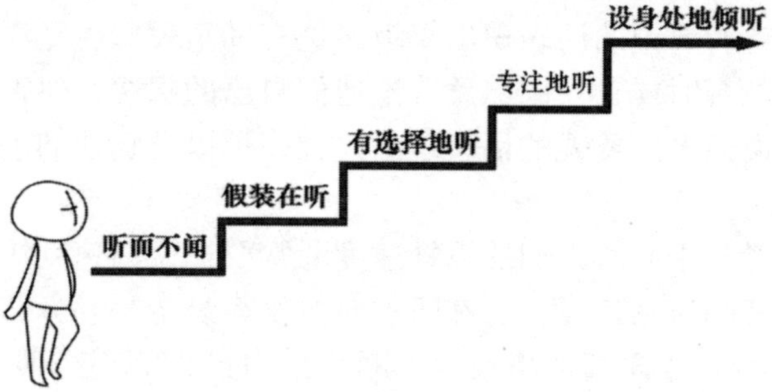

图 2–4 听的五个层次

（二）倾听的障碍

1. 观点不同

观点不同，是倾听的第一个障碍。每个人心里都有自己的观点，很难接受别人的观点。例如，当下级向上级提建议时，上级可能这样想：“你的观点没有什么新意，你不用说，我都知道是怎么回事。”带着这样的想法，上级自然难以认真倾听对方的谈话。

2. 偏见

偏见是倾听的主要障碍。假设上级对某个下属产生了某种不好的看法："这个人没什么本事。"他汇报工作时，上级也不可能注意倾听。又假设管理者和某个人之间由于某种原因产生了隔阂，如果他有什么异议，管理者就可能认为他所做的一切都是冲着自己来的。无论他做出什么解释，管理者都会认为是借口。

3. 时间不足

时间不足，是影响管理者倾听最主要的沟通障碍之一，主要表现为以下两种情况：一是安排的时间过短，对方不能在这么短的时间内把事情说清楚；另一种情况是在工作过程中倾听，下属临时有重要的事情找到领班寻求帮助，事先并没有约定好时间，领班正忙着其他事务，只是草草地听着对方简单叙述，根本就没有时间认真倾听对方所要表达的内容。

4. 急于表达自己的观点

人们都有喜欢自己发言的倾向。发言通常被视为主动的行为，可以帮助说话者树立强有力的形象，而倾听则是被动的。在这种思维习惯下，人们容易在他人还未把话说完的时候，就迫不及待地打断对方，或者心里早已不耐烦了，往往不可能把对方的意思听懂、听全。管理者在与下属沟通时，往往有一种优越感，经常会打断对方说话。

（三）积极倾听

1. 对说话者所要说的话表现出兴趣

（1）对说话者所要说的话表现出兴趣，这有助于我们更专注地听，说话者也会因此受到鼓励。有时候，人们愿意谈论他们自己的想法，但害怕会得到负面的反应。所以，对说话者所要说的话表现出兴趣，可以鼓励他们进行清楚和全面的交流。

（2）以说话者为中心。人们的思维速度通常要比说话速度快四倍。听者的思维速度要比说话者的讲话速度快，在听的时候很容易走神和分心。因此要调整思绪，全神贯注，不去考虑其他事情，不断暗示自己："我应该听他（她）说话。"集中思考谈话内容与我们已掌握的情况进行联系。

（3）直接告诉说话者，你对他所说的话有兴趣，并说明原因。让说话者具体知道你对他的话感兴趣的原因，这能够鼓励交流，并且使谈话针对主题。如："我知道你在这个方面很有经验，所以我很想听听你的观点。""你看上去不太开心。告诉我发生了什么？"

（4）用非语言暗示建立和保持融洽关系。面对说话者，身体稍稍前倾；保持开放式体态语言；保持目光接触；适时地点头和微笑；给说话者回答和说明的时间。

（5）在说话者停顿或犹豫时，使用简短的言语暗示来鼓励对方继续交流。使用诸如"是的""嗯""对""好的""我明白了"之类的言语暗示可以帮助你专心聆听，而且可以鼓励说话者与你分享更多的信息。再如：“还有呢？”“这个信息对我太有用了！”等等。

（6）不做评判。有时，人们会忍不住想加入自己的想法，但这样一来，谈话中心立即从说话者转向你，如果你确实想让说话者说出实情，并想获得你所需要的所有信息，你应让说话者讲完话，然后再提出你自己的观点。

2. 恰当提问

（1）提出问题，以澄清和搜集信息，并使谈话针对主题。提出问题，是听者最有力的工具。有效地提出问题可以使听者由被动变为主动。通过提出合适的问题，我们能澄清你所听到的内容，并获取新资料，还可以使谈话针对主题，以便控制谈话。

所提问题一般可以分为两类：一种是封闭式的问题，这种问题的答案只有“是”或者“不是”两种；另一种是开放式的问题，开放式的问题没有统一的答案，它可以引发很多提问。如，会议结束了吗？你喜欢你的工作吗？你还有问题吗？这一类问题就不能用“是”或者“不是”来回答，而是要回答是什么的问题，因而从开放式的问题可以得到更多的信息。

表 2-1　封闭式和开放式问题

封闭式问题	开放式问题
会议结束了吗？ 你喜欢你的工作吗？ 你还有问题吗？	会议怎么结束的？ 你喜欢你工作的哪些方面？ 你还有什么问题吗？

（2）使用开放式问题以寻求更多信息。开放式问题能鼓励对方作出详细的回答。这些问题用诸如“谁”“什么”“怎样”“请告诉我”等词开头。尽管“为什么”和“你怎么……”开头也构成开放式问题，但须慎用，因为这种问法会促使说话者进行自我防卫。

（3）慎用封闭式问题。封闭式问题经常用诸如“是否能”“是否会”“是否”“是否将”等词提问。这种问题决定了通常只能以“是”“不是”或一个简单的事实作回答。尽管这类问题限制了交流，但是当我们想缩小讨论范围或想确定具体信息时，这类问题还是有效的。

3. 适当反馈

信息接收者所接收到的信息可能与说话者想要传递的信息并不完全一致。通过适当的反馈，就可以防止产生误解，而且避免日后导致问题。

（1）用自己的话复述所听到的内容。当谈话出现正常停顿时，复述或归纳我们所听到的内容，这就给了说话者进行纠正和澄清的机会。如，“所以……”“听上去你……”“换句话说……”

（2）如果说话者不同意我们的复述，我们就要重述，直到表达和理解的内容一致为止。

（3）对说话者的情绪表示理解。这使说话者有种被接受的感觉，而且有助于他在克服情绪干扰之后，回到要点上来。如："那一定很令人失望。""我能理解你为何不情愿。""如果是我，我也会……" 企业管理者在处理客人投诉时，经常会采用上述说法，以平息客人的情绪。

4. 排除消极情绪

先不要下定论。在说话者准备讲话之前，信息接收者尽量不要对所要谈论的事情本身下定论，否则，就会戴着"有色眼镜"进行沟通，就不能设身处地从对方的角度看待问题。

表 2-2　可能的情绪及例子

可能的情绪	例子
先入为主，对对方的话根本无法专心倾听	这件事根本就行不通，怎么这家伙又……
个人好恶	他的这个话题我根本就不感兴趣，都什么年头了！
由对对方的个人看法引起	怎么每次都是这个家伙来诉苦！
由利益冲突造成	想和我争？别想！

四、运用有效的身体语言

身体语言，指非词语性的身体符号，包括沟通者的动作、手势、面部表情、语音语调、目光手势等身体语言、副语言信息和身体间的空间距离。

身体语言的表达常常是无意识的，但常常比口头语言更为直接。人们在口头表达时，即使一动不动地坐着，仍会在不知不觉中流露出自己的真实情感。在与人交流沟通时，即便不说话，仅凭对方的身体语言就可以探索其内心的秘密，同样，对方也可以通过身体语言了解到我们的真实想法。因此，解译人们的身体语言密码，可以更准确地认识自己和他人。

美国心理学家艾伯特·梅拉比安提出了一个"55387"公式：在面对面的沟通中，信息总量 =7% 的有声语言 +38% 的语音 +55% 的身体语言，这充分说明了身体语言在人与人交流沟通过程中的重要性。

体态信息往往比言语信息更能解读一个人的想法。和一个新认识的人交流时，如果对方双手总是在不经意间抱在胸前，那表明他对我们是有所防备的。向上级汇报工作时，上级的眼睛没有专注地看着自己，或者他的手指不经意地敲了几下桌子，表明上级已经对我们的汇报不满意了。如果我们进入同事的办公室时，他的脚正在桌子下面晃动着，说话间，他的脚忽然间停止了晃动，那表明对方已经对我们的话产生了浓厚的兴趣。

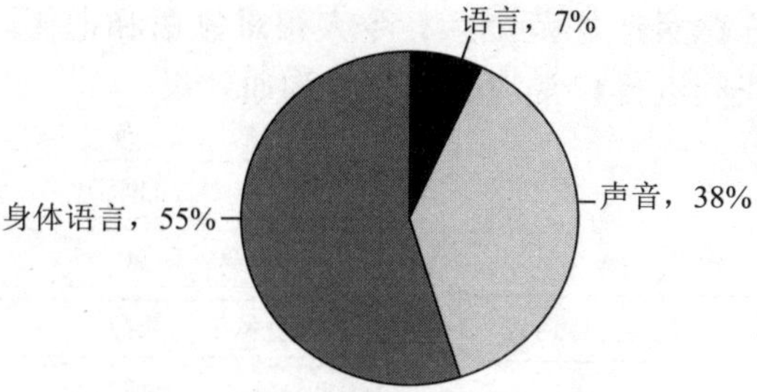

图 2-5 面对面沟通的“55387”公式

我们作为组织沟通的信息发送者，必须确保所发出的非语言信息能够起到强化语言信息的作用；而我们作为组织沟通的信息接收者时，同样要密切注视对方的非语言提示，以便全面理解对方的思想、情感。

【例 2-10】

面试试验

有人做过一个试验，地点是在某单位招聘工作人员的面试会上，实验对象是 25 位应试者。实验要求在面试的最初 15 分钟内，主试者以普通的态度对待面试者；接下来的 15 分钟，主试者不断地点头，显得十分认可对方；最后几分钟，主试者则面无表情。然后测定应试者一次发言能持续多长时间。

结果显示，主考官的态度不同，对应试者发言时间长短的影响相当明显：主试者点头或附和，其作用犹如加速器；主试者若面无表情，其作用好比是制动闸。听对方谈话点头或附和，即等于承认对方并鼓励其继续说下去。双方交流时如果希望从对方那里听到更多的信息，那么谈话时我们就频频点头附和；如果我们不想听了，希望对方打住话头，那么我们就可以停止一切身体语言表示。

（1） （2）

图 2-6 身体语言

身体语言细致入微且应用范围广，令人很难领悟和把握。然而，对身体语言的大致了解有助于我们进行日常沟通，改善沟通效果。

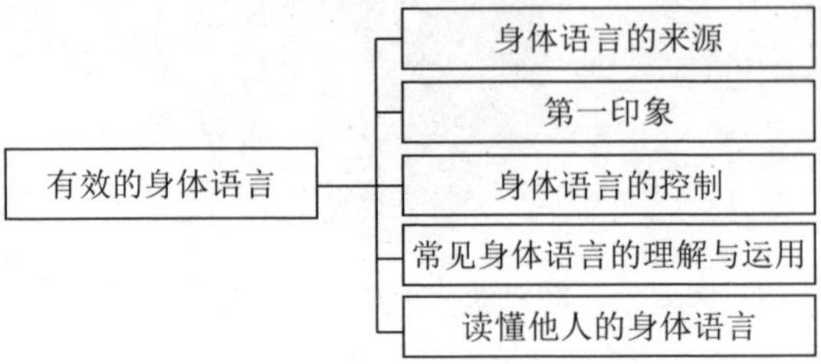

（一）身体语言的来源

身体信息，往往在人们没有开口以前就表露在他人面前了。身体语言来源于何处？其实，人们所说和所做都来源于内心，来源于每个人的自尊和自我形象。

（1）自尊。是指每个人所具有的人生价值和期望，是自我满足程度的体现。

（2）自我形象。自我形象来源于自尊，即每个人如何看待自己：是成功的还是失败的，是乐观的还是悲观的……

每个人的自尊和看待自我的方法，在很大程度上决定了他想要说和想要做的一切（行为）。一个人的自尊和自我形象，甚至在他说话以前就已经显现给别人了，如穿着、举止、眼神、坐姿等。

（二）第一印象

第一印象总是至关重要的。任何首次会面的前 5 秒钟要比接下来的 5 分钟重要得多！在某一个场合，每个人只有一次机会给他人留下一个良好的第一印象。一位优秀的服务业从业人员，总会非常注重留给他人最佳的第一印象。

第一印象在心理学上又被称为“首因效应”。心理学研究发现，与一个人初次会面，数秒钟内就能产生第一印象。第一印象能让他人获得对方的性别、年龄、长相、表情、姿态、身材、衣着打扮等信息，以此判断对方的内在素养和个性特征。这一印象会对他人的社会知觉产生较强的影响，并且在对方头脑中形成并占据主导地位。这种先入为主的第一印象是人的普遍的主观性倾向，会直接影响人们以后的一系列行为。

在现实生活中，首因效应所形成的第一印象常常影响着人们对他人以后的评价和看法。若是这一印象树立成功，要转变它就是十分困难的事情了，即便此后又形成了新的印象，但人们也会不自觉地趋向于自己的第一看法。在生活当中，人们有时听到身边人说：“坏就坏在没有给他留下好的第一印象，印象已无法改变。”正因为首因效应的影响，我们在与他人沟通的过程中就要争取留下良好的第一印象。

第一印象是由什么决定的呢？

1. 形象

50% 的第一印象是由外表决定的。如衣着、戴的首饰、年龄、身高、体重、种族、性别、体重、肤色等。

2. 身体语言

在与他人初次交往时，我们争取要用最佳的身体语言表现自己。

（1）笔直和昂首挺胸的姿态。

（2）坚定的眼神接触。

（3）可信的微笑。

（4）握手要坚决而不过于热情。

（5）真实的声音。

（6）尽量不做小动作。

3. 仪表着装

注重自己的仪表和着装，穿着整洁，衣服、饰品搭配合理。

4. 言谈举止

约束自己的言谈举止，不能想到什么说什么，想做什么做什么。同时锻炼自己的交流技巧，掌握相关社交礼仪。

（三）身体语言的控制

身体语言在沟通中有重要的作用。然而，真正将身体语言有效地运用到沟通中去却不是一件很容易的事，这需要我们做两件事情：一是理解别人的身体语言，二是恰当使用自己的身体语言。

希尔顿饭店的创始人、世界旅馆业之王希尔顿就是一个注重“小事”的人，他要求他的员工：“大家牢记，万万不可把我们心里的愁云摆在脸上！无论饭店本身遭到何等的困难，希尔顿服务员脸上的微笑永远是顾客的阳光。”正是这小小的永远的微笑，让希尔顿饭店的身影遍布世界各地。

如果希望给别人留下好印象，就必须控制自己那些负面的身体语言。在说话时，对自己的手势、姿态保持警觉，避免行为和言语出现矛盾，让别人产生不信任感甚至是敌意。

恰当使用自己的身体语言，要求做到以下几点：

（1）经常自省自己的身体语言。

（2）有意识地运用身体语言。

（3）注意身体语言的使用情境。

（4）注意自己的角色与身体语言相称。

（5）注意言行一致。

（6）改掉不良的身体语言习惯。

自省的目的是检验自己以往使用身体语言是否有效，是否自然，是否使人产生过误解。了解了这些，将有助于我们随时对自己的身体语言进行调节，使它有效地为我们的交往服务。

【例 2–11】

坏习惯差点毁掉了一个餐馆

一家餐馆，有个员工时不时会蹭蹭鼻子，这让客人感到很不卫生，餐馆生意因此也受到影响。直到有一天，一个比较直爽的客人当场向餐馆经理指出了这一点，大家才意识到了问题所在，并促其改正，餐馆生意才好转起来。

[**点评**]一个员工的小习惯，差点毁掉了一家餐馆。可见，在服务行业特别是对客服务工作中，一定要改掉一些自己长久养成的不良习惯，甚至是一些平时看起来无关痛痒的小毛病。

（四）常见身体语言的理解与运用

虽然身体语言既细致入微又范围广泛，很难领悟和把握，然而，对身体语言有大致了解将有助于我们了解他人的真实想法。例如，当人们因撒谎而感到内心不安时，他笨拙的身体语言会将这种不安表露无遗。

1. 姿势

积极的姿势能促进开诚布公的沟通，带来最佳效果；消极的姿势则会使沟通陷入困境。

姿势 1（积极状态）：面向前方，采取大方的姿态，显示出十足的信心，正面注视，面带微笑，表示出态度友好。右手叉腰，表明进行控制的决心和能力。

积极状态（1）

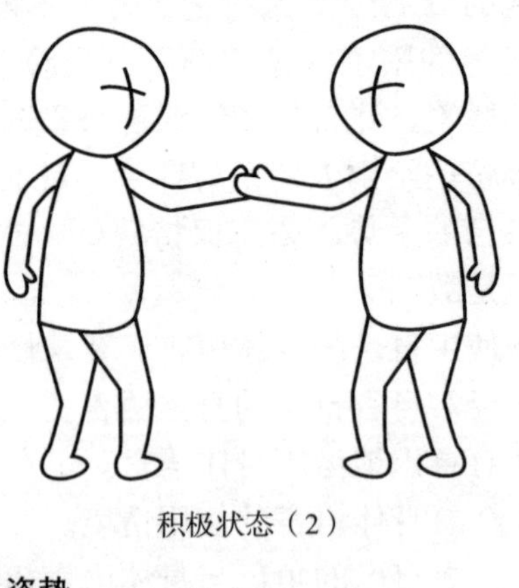

积极状态（2）

图 2–7 姿势

姿势 2（中间状态）：正面注视，表明注意力集中；松弛的四肢，表明缺乏紧张感。

姿势 3（消极状态）：躲闪的目光，意在回避；拉耳朵的动作，表明心存疑虑；肩部低垂，表明缺乏信心；身体侧转，意味着拒绝接受他人所说的话。

2. 手势

手势同姿势和面部表情等非语言沟通手段一起，成为身体语言的一个重要组成部分。无论是在面对大众的讲台上还是在面对面的会谈中，了解如何有效地运用手势，可以帮助我们有效地传递信息。

图 2–8 手势

所有技巧娴熟的公共演说家都懂得运用手势进行强调。正确的手势可以在视觉效果上表达出我们言辞中的意思，可以起到强调的作用，帮助我们吸引别人的兴趣和注意力。

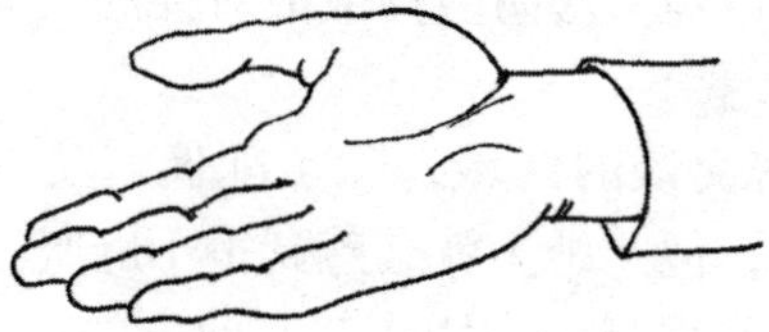

图 2–9 积极的手势

消极的手势，如用手指着对方、带有攻击性的手势、心不在焉地玩弄手表等，会削弱我们要表达的意图。

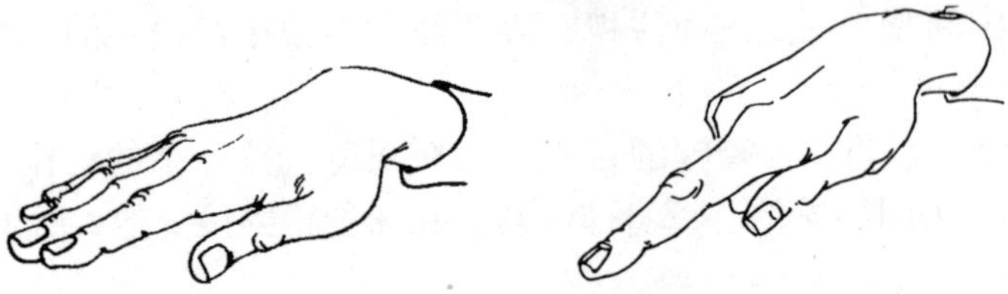

图 2–10　消极的手势

约翰·F. 肯尼迪习惯用砍东西的动作，而希特勒则喜欢挥拳头。用拳头砸向掌心、用手指指或将手掌慢慢伸展等动作，都能强化我们的口头表达效果。

记住：过火的手势（如拍桌子）会使听众对你敬而远之。如果你确实需要拍桌子，注意不要让你的说话声被淹没。

简单的手势可以结合在一起构成复杂的手势。例如，在私下会面时，如果对方把手放在面颊或下巴上，我们可以知道他在听我们讲话时正在对我们进行评价。然而，要想知道这种评价是肯定的还是否定的，还要注意他们的其他动作——他们是在防卫性地交叉着双腿呢，还是攻击性地把头和下巴压低呢？

作为一种非语言沟通手段，同一手势运用在不同国家会有不同含义：

北美人用大拇指和食指做手势表示 OK（在丹麦人看来这是一种侮辱人的手势）；用一个手指指人（中国人认为这是粗鲁的）；法国人握手表示热情（英国人觉得这样做有些过分）；摇头表示否定（印度人用这一动作表示肯定）；在公共场合拥抱表示友好（新加坡人不能接受这种方式）。

3. 地盘和区域

为他人留出一定的私人空间，是身体语言的一部分。这种空间的大小随环境的改变而有所不同。例如，社交聚会上的客人要比在非社交场合相遇的陌生人站得近一些。当与他人站在一起时，请留出大约 1 米的私人空间，应该时时注意不要侵入他人的私人空间，以免激起防卫性或敌对性的反应。

亲密地盘（0.15~0.45 米）

这是一个适合于亲密交谈的区域，除了配偶、父母、子女等最亲密的人之外，其他人侵入这一领域，他（她）就会感到很不舒服。

请看下面这两幅画，在保持一定距离时，双方的谈话进行得很轻松，气氛也比较融洽（图 2–11）。但当另一方侵入亲密区时，女方就不由自主地把身体向后倾（图 2–12），这时气氛就比较紧张了。

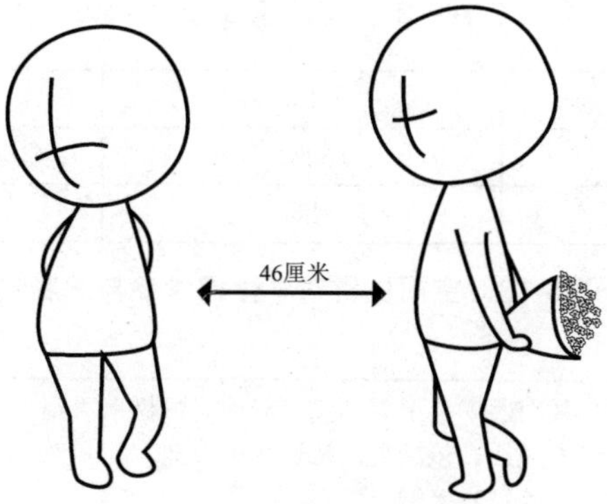

图 2–11 社交区融洽谈话

图 2–12 亲密区紧张谈话

个人地盘（0.46~1.22 米）

在一般的社交场合，人们都保持这一距离。适用于朋友间聊天。此时，人们说话温柔，可以感知大量的体语信息。

社会地盘（1.22~3.6 米）

在与陌生人打交道时，人们一般会与对方保持这一距离。用于具有公开关系而不是私人关系的个体之间，如上下级之间，客人与售货员之间，医生与病人之间等。

公共地盘（3.6 米以上）

当人们对一大群人讲话时，往往会选择这样一个位置。一般用于进行正式交往的个体之间或陌生人之间。这时的沟通往往是单向的。

还有在大学教室里，愿意积极参与讨论的学生大多数会坐在教室靠前的座位上；反之，时常逃课或者对本科目不感兴趣的学生，则通常选择坐在教室后面的座位上。

	讲台	
57%	61%	57%
37%	54%	37%
31%	48%	31%

图 2-13　空间位置对学生课堂参与的影响

在电梯或公共交通工具上遇到拥挤局面时的做事法则：

1. 不跟任何人说话，包括自己认识的人。
2. 避免和别人的目光接触。
3. 保持一本正经的表情，脸上不泄露任何情绪。
4. 如果手上拿着一本书或一份报纸，就假装看得全神贯注。
5. 在拥挤的人群里，保持一动不动。
6. 在电梯里，一直盯着电梯层数的变化。

（五）读懂他人的身体语言

身体语言比口头语言能够表达更多的信息，因此，理解身体语言是理解他人的一个重要途径。从他人的目光、表情、身体运动与姿势，以及彼此之间的空间距离中，我们能感知到对方的心理状态。了解了对方的喜怒哀乐，我们就能够有的放矢地调整我们的交往行为。

理解他人的身体语言必须注意以下几个问题：

（1）身体语言要通过整个沟通过程来理解。同样的身体语言在不同性格的人身上意义可能不同，同样的身体语言在不同情境中意义也可能不同。

（2）要培养自己敏锐的观察力，善于从对方不自觉的姿势、目光中发现对方内心的真实状态。不要简单地下结论，身体就像一个无法关闭的传送器，时刻传送着人们的心情和状态。比如，有些人喜欢客套，当客人起身要走时，往往极力挽留，然而很多时候，这些挽留都并非出自诚意，这一点我们从主人的身体语言上是可以看出来的，口上说“慢走”，却早已摆出了送客的架势。

（3）语言通常用来表达正在思考的东西或概念，而非语言信息则较能传递情绪和感受。因此，在解读人们的身体语言时，必须考虑当时的情境、关系深浅、文化背景等外部因素。例如在西方，拥抱、亲吻是普通的社交礼仪，但在东方，却可能会被误解成轻佻无礼。

（4）理解他人的身体语言，最重要的是要从他人的角度来考虑问题。要用心去体验他人的情感状态，也就是心理学上常讲的要注意“移情”。当他人对自己表情淡漠，很可能是由于对方遇到了不顺心的事，因此不要看到别人淡漠就觉得对方不重视自己。站在别人的角度，替别人着想，才能使交往更富有人情味儿，使沟通更顺利。

表 2–3　常见的身体语言解读

传递的信息	常见的身体语言
开放与接纳	咧着嘴笑；手掌打开；双眼平视
配合	谈话时，身体前倾，坐在椅子边缘；全身放松、双手打开；解开外套纽扣；手托着脸
自信	抬高下巴；坐时上半身前倾；站立时抬头挺胸、双手背在身后；手放进口袋时露出大拇指；掌心相对、手指合起来呈尖塔状；翻动外套领子
紧张	吹口哨；抽烟；坐立不安；以手掩口；使劲拉耳朵；绞扭双手；把钱、钥匙弄得叮当响
缺乏安全感	捏弄自己的皮肤；咬笔杆；两个拇指交互绕动；啃指甲
挫折	呼吸急促；紧握双手不放；拨弄头发；抚摸后颈；握拳；绞扭双手；用食指点物
防卫	双臂交叉于胸前；偷瞄、侧视；摸鼻子；揉眼睛；笑时紧闭双唇；紧缩下巴；说话时眼睛看地上；瞪视；双手紧握；说话时指着对方；握拳做手势；抚摸后颈；摩拳擦掌；双手交握放在后脑勺，整个人向后靠在椅背上

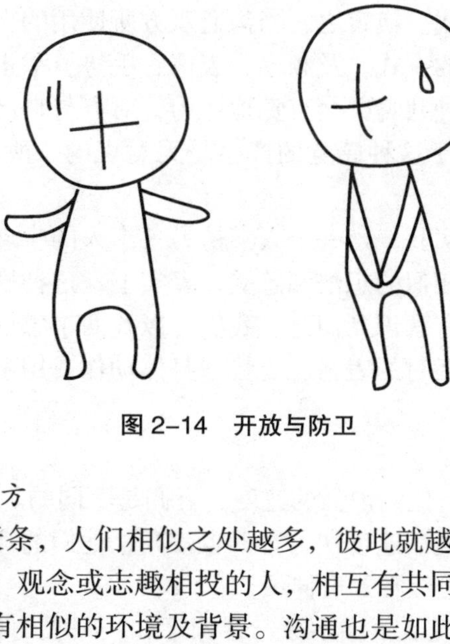

图 2–14　开放与防卫

（六）恰当模仿对方

“人以群分”是天条，人们相似之处越多，彼此就越能接纳和欣赏对方。人们都喜欢和自己个性、观念或志趣相投的人，相互有共同的话题，对事物有相同的看法或观点，或是有相似的环境及背景。沟通也是如此，彼此之间的共同点越多就越容易沟通。我们是否有过这种体验，曾经碰到过一个接触不久就一见如故相见恨晚的人，莫名地对他有一种信赖感和好感？

通过有意地与他人在言谈举止上保持一致，可以与对方建立良好的合作关系，如有客人气急败坏地投诉时，接待人员应该相应地有遗憾、同情的表情，而不能面带微笑、不急不慢。

【例 2–12】

微笑服务也有错?

王先生从县城来到南京的一家酒店，准备第二天一早乘坐飞机到A地，他打电话到酒店总机，要求提供叫早服务。次日，由于酒店叫早服务出了点问题，王先生醒来时已经错过起床时间了，他急忙提着行李打车到机场，遗憾的是，当王先生赶到机场时，已经错过了登机时间。

飞往A地的航班两天才有一个航班，王先生非常沮丧，回到酒店马上投诉。

酒店客人关系经理看到王先生气急败坏的模样，就微笑着劝慰道："先生，您看，飞机已经飞走了，您急也没有什么用的。"

王先生听后火更大了，直接找值班经理投诉："你们服务员还有同情心吗，我这里急得要跳脚了，她却在那里笑，简直是幸灾乐祸！！"

问题：这个案例给你什么启示?

通过模仿对方的方式，让一个人无论在文字、声音、身体语言等方面都能和对方达成共同的沟通模式。换言之，当沟通双方所使用的文字、说话的语气、音调、说话的态度、呼吸的方式，及频率、表情、手势、举止等都处于一种共同的状态时，自然会产生一种共鸣，会直觉地认为，对方与自己个性相近，并且产生一种亲切和信赖感，由于这种感觉的产生是无意识的，所以也称"镜面映现"，为一种潜意识沟通模式。

曾经有人做过一个实验，当一个人模仿另一个人的生理状态时，他们会有相同的内心感受，甚至于相似的想法和感受，事实上，这种模仿的过程其实每个人都已经在做了，只是没有意识到而已。我们可以找两个感情很好的朋友或一对夫妻，仔细观察他们在讲话时的表情、姿势、身体动作或用字遣词，肯定都有许多共同或相似之处。

1. 模仿对方音调速度

不同感官类型的人，他们说话的速度、音调是不同的。

（1）视觉型的人，说话速度快，音调也较高，他们的呼吸较为短促，胸腔起伏较明显，而且在说话时经常耸肩伸颈。

（2）听觉型的人，说话不疾不徐，音调平和，呼吸匀称，通常在胃部起伏，较大声说话时喜欢侧耳垂肩。

（3）感觉型的人，说话慢吞吞的，声音低沉，说话时停顿时间长（需要去感受及思考），说话时，所使用的肢体动作较多，也通常以腹部呼吸。

对不同感官类型的人，我们得使用不同的速度音调来说话，换句话说，得用他的频率来和他沟通。

以听觉型的人为例，如果我们想和他沟通或说服他做件事，但是却用视觉型飞快的速度跟他描述，恐怕收效不大。相反，我们需要和他一样用听觉型的说话方式，不疾不徐地用和他一样的说话速度和音调，他才能听得真切，否则我们说得再好，他也有可能没有懂。对待视觉型的人，如果用感觉型的方式对他说话，慢吞吞而且不时停顿地说出自己的想法，不把他急坏才怪。

所以，在对客服务中，对不同的客人要用不同的方式来说话：客人说话速度快，我们得跟他一样快；客人说话声调高，我们得和他一样高；客人讲话时常停顿，我们得和他一样也时常停顿。能做到这一点，才能更好地提高我们的沟通能力、建立我们的亲和力。

2. 模仿对方肢体动作

肢体动作、脸部表情、呼吸的模仿，是最能帮助我们进入他人频道及建立亲切感的有效方式。当我们和他人谈话沟通时，模仿其站姿或坐姿，手和肩的摆放姿势以及举止。对方耸肩伸颈，我们也耸肩伸颈，对方脸部有何表情，我们也有相同的表情。当我们能模仿得惟妙惟肖时，对方会莫名其妙地开始喜欢我们、接纳我们，而且觉得和我们一见如故。但在做这种模仿时，要谨记别去模仿他人的缺陷。

要模仿一个人时，必须具备敏锐的观察力，而唯一能让我们熟练的方式就是练习！一开始模仿他人的动作、表情、呼吸时，我们也许会觉得非常不自在，同时做得不好或不像，这是必然的现象，不过，当我们练习得够多够久之后，对人们生理上的变化及肌肉的使用会变得特别敏锐。这时，甚至不必刻意去模仿他人的生理状态，便能自然地做出和对方相同的动作、表情和呼吸来。当我们能到这种地步时，成功也就不远了。

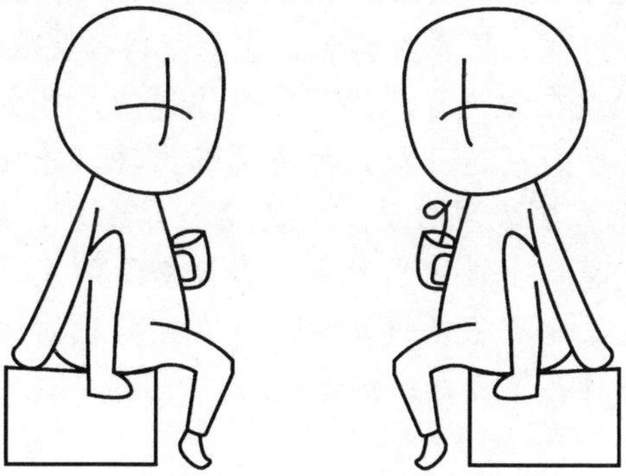

图 2–15 模仿他人动作

（七）测试融洽关系

在沟通时，有时明确自己与他人融洽关系的程度是很重要的，我们可以通过座位的摆放方式来判断人与人之间的关系（见图 2–16）。还可以通过“引导”来测试彼此关系的程度。可以做一个小小的试验：我们与别人坐在一起，移动一下自己的座位，看看其他人是否跟着这样做，如果其他人跟随我们的引导，也调整他们的座位以适应我们的新座位，说明彼此之间的关系是融洽的，这种跟随越迅速，关系就越融洽。

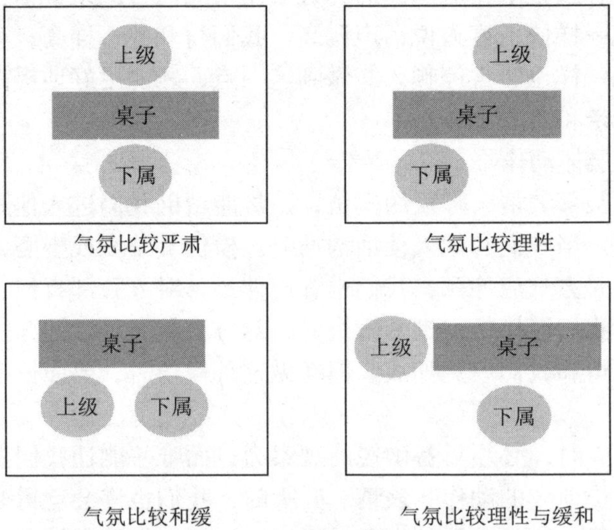

图 2–16　面谈时的座位摆放方式

典型案例

一家著名的公司在面试员工的过程中，经常会让 10 位应聘者在一个空荡的会议室里一起做一个小游戏，很多应聘者在这个时候都会感到不知所措。

做游戏时，主考官就在旁边看，他不在乎你说的是什么，也不在乎你说的是否正确，他是看你说、听、问这三种行为是否都出现，并且这三种行为是否按一定比例出现。如果一个人要表现自己，他的话会非常多，始终在喋喋不休地说，可想而知，这个人将是第一个被请出考场或者被淘汰的人。如果你坐在那里只是听，不说也不问，那么，也将很快被淘汰。只有在游戏的过程中又说又听，同时会问，这样就意味着你具备了良好的沟通技巧。

【案例评析】

我们每个人在沟通的时候，一定要养成一个良好的沟通习惯：说、听、问三种行为都要出现，并且这三者之间的比例要协调，如果具备了这些，你将成为一个良好的沟通者。

问答题

1. 举例谈谈有效沟通要遵循哪些原则？

2. 以“心态决定命运”为题写一篇演讲稿，在班上讲演。

3. 想一想，自己在工作中，哪些听的行为是单向的？原因是什么？

4. 在沟通中，你容易出现的“不愿听对方说话”的原因是什么？你是如何处理的？你认为自己能够在哪些方面有改进？

5. 什么是第一印象？谈谈第一印象的重要性。

6. 以你的经历，如果你跟别人第一次见面，对方给你留下最深刻的印象是什么？

7. 想想看，一个曾给你留下最好印象的人，究竟哪方面吸引你？留下最不好印象的人是谁？究竟他在哪方面不好？你应该如何给人一个好印象？

8. 什么是身体语言？互相观察同座同学的身体语言，指出其好的方面和需改进之处。

沟通游戏

“你在听吗？”

以两个人为一组，甲在一张白纸上画两三种形状的图形（如圆形、正方形、长方形、三角形），然后向乙（不要让乙看到你画的图形）描述自己画的画，乙则照此描述在另一张白纸上画，尽可能画得一模一样，不能问问题或说话。完成后，两人交换角色。

问题：

1. 你们两人画的图形像吗？

2. 你从这一游戏中得到了什么启发？

小组练习

分小组讨论比较下列对话中几种回答的利弊，你会如何回答呢？说出你的理由。

对话（一）

你的一位下属对你说：

“我在完成你交代的工作时遇到一个问题。我收集了所有的资料，但不知道怎样把它们综合起来才能突出重点。”

你的回答：

1. 我能理解你，这项工作的确很难，更何况你没有这方面的经验。

2. 我有个主意，去找小王，他有这方面的经验，肯定能帮你的。

3. 如果我没有理解错的话，你是要我帮你完成工作了。

4. 我已经和你解释过怎样做了，你必须努力去完成。

5. 你的综合概括能力不行。

对话（二）

一位同事对你说："你今天早上看到小张的脸色了吗？说不定他又和老王吵架了。我挺喜欢小张的，所以我也很不痛快，我可不希望他出差错。"

你的回答：

1. 是真的吗？到底是怎么回事啊？

2. 你不用担心，会没事的。我清楚小张这人，他会消气的。

3. 你把这事看得太严重了，你不要也扯进去。

4. 你是为小张担心，因为他和老王有矛盾。

5. 你今天中午最好和小张一起吃饭，安慰他一下。

对话（三）

下午，刚上班时你的一位下属对你说："我想今天早点下班，我要到托儿所去接女儿。我的电动自行车坏了去修了，如果和平常一样6点走的话，会来不及的。"

你的回答：

1. 这个月你已经是第三次要求早走了，你应该知道这样对班组的影响不好。

2. 你想早点下班，是为了去取修好的电动车吧。

3. 你要几点下班？

4. 没关系，去吧，这星期加点班把时间补上就行了。

5. 这的确是件麻烦事，但应该可以解决的，这样吧，早走1个小时，可以吗？

对话（四）

你的一位同事对你说："我已经是第四年做同样的工作了，烦死人了。每天做同样的工作是很枯燥的。我虽然能很好完成现在的工作，但我并不满足，我需要机会再一次证明自己的能力。"

你的回答：

1. 经过这四年的工作，你认为你已经掌握了现在这个职务的所有一切，并且能担任更重要的职位。

2. 我能理解你，现在的工作对你来说是很枯燥。

3. 那么，你有什么打算吗？

4. 这么说，你是想换个职位?

5. 我建议你去和经理沟通一下，看看能不能换个职位。

6. 你太没有耐心了，我不认为你掌握了现在这个职务所需具备的一切，你再好好想想吧。

对话（五）

你的一位同事对你说："这到底是怎么回事，主管已经是第四次要求我重新做这个工作，也不知道他到底要干什么? 不管怎样，我可不想再做第五次了，我还有其他很多事要做呢!"

你的回答：

1. 这没什么大不了的，老弟。时间长了就会好的。

2. 冷静点，光生气也解决不了问题!

3. 你知道要你重新做的原因吗?

4. 你是要我到主管那里帮你转达一下你的意见吧。

5. 为什么你不在明天下午开会的时候，把这个问题提出来?

自我测试

请根据自身情况回答：

1. 一贯　　2. 多数情况下有　　3. 偶尔　　4. 几乎从来没有

题目	1	2	3	4
1. 力求听对方讲话的实质而不是话的字面意义	○	○	○	○
2. 以全身的姿势表达你在入神地听对方说话	○	○	○	○
3. 别人讲话时不急于插话、不打断对方的话	○	○	○	○
4. 不会一边听对方说话一边考虑自己的事	○	○	○	○
5. 做到听批评意见时不激动，耐心地听对方把话说完	○	○	○	○
6. 即使对别人的话不感兴趣，也耐心地听对方将话说完	○	○	○	○
7. 不因为对说话者有偏见而拒绝听他说话	○	○	○	○
8. 即使对方地位低，也要对他持称赞态度，认真听他讲话	○	○	○	○
9. 因某事情绪激动或心情不好时，避免把情绪发泄在他人身上	○	○	○	○
10. 听不懂对方所说意思时，利用反射性倾听的方法来核实他的意思	○	○	○	○

续表

题目	1	2	3	4
11. 利用反馈证明你正确地理解对方的思想	○	○	○	○
12. 鼓励对方表达出他自己的思想	○	○	○	○
13. 用归纳法重述对方的思想，以免曲解或漏掉对方所传达的信息	○	○	○	○
14. 避免只听自己想听的部分，注意对方的全部思想	○	○	○	○
15. 以适当的姿势鼓励对方把心里话都说出来	○	○	○	○
16. 和对方保持适度的目光接触	○	○	○	○
17. 既听对方的口头信息，也注意对方所表达的情感	○	○	○	○
18. 与人交谈时选用最合适的位置，使对方感到舒适	○	○	○	○
19. 能观察出对方的言语和心理是否一致	○	○	○	○
20. 注意对方的非口头语所表达的意思	○	○	○	○
21. 向讲话者表达出你理解了他的情感	○	○	○	○
22. 不匆忙下结论，不轻易批评对方	○	○	○	○
23. 听话时把周围的干扰因素排除到最低限度	○	○	○	○
24. 不向讲话者提太多问题，以免对方产生防御反应	○	○	○	○
25. 对方表达能力差时不急躁，积极引导对方把想法准确地表达出来	○	○	○	○
26. 在必要时边听边做笔记	○	○	○	○
27. 对方讲话速度慢时，抓住空隙整理出对方的主要思想	○	○	○	○
28. 不指手画脚地替讲话者出主意，而是帮助对方确信自己有解决问题的办法	○	○	○	○
29. 不伪装，认真听人家讲话	○	○	○	○
30. 经常锻炼自己的倾听能力	○	○	○	○

评分标准：A—4 分；B—3 分；C—2 分；D—1 分。

分析：总分在 105~120 分之间，说明你的倾听能力为“优”；89~104 分为“良”；73~88 分为“一般”；72 分以下则为“差”。

单元三

建立良好的客户关系

学习目标

客人需求信息的收集，良好客户关系的建立，提高对客沟通的技巧

学习内容

◆建立服务信息体系
◆关注服务接触点
◆提高对客沟通技巧
◆提升客人的体验
◆客人投诉的处理

客户关系，是指企业为达到其经营目标，主动与客户建立起的某种联系。客户关系管理是一个过程，通过这个过程，企业有效掌握和利用客人信息，通过建立良好客户关系，培养客人的忠诚度。

在18世纪末、19世纪初，现代商业饭店管理大师斯塔特勒广泛宣传的饭店经营成功的关键要素是饭店的地理位置；20世纪80年代，饭店业主普遍认为，服务质量是饭店成功的关键要素；现在，越来越多的饭店管理者认为，现代饭店经营成功的关键要素是客户关系，即员工与客人之间的关系。培育客人忠诚度，与客人保持长期稳定的关系，是企业获得持续竞争优势的关键。

建立良好客户关系常见问题：

（1）宾客信息体系不健全
（2）服务体验性不强
（3）对客沟通技巧不够
（4）解决问题的能力不足

一、建立客人信息体系

俗话说：要想钓到鱼，首先要问问鱼儿爱吃什么。服务不是蒙了眼睛蛮干，而是要了解客人的真正需求，积极主动地收集客人信息，建立全方位的信息体

系，这是建立良好客户关系的根本。

（一）客人信息的收集

客人信息体系主要包括三方面内容：

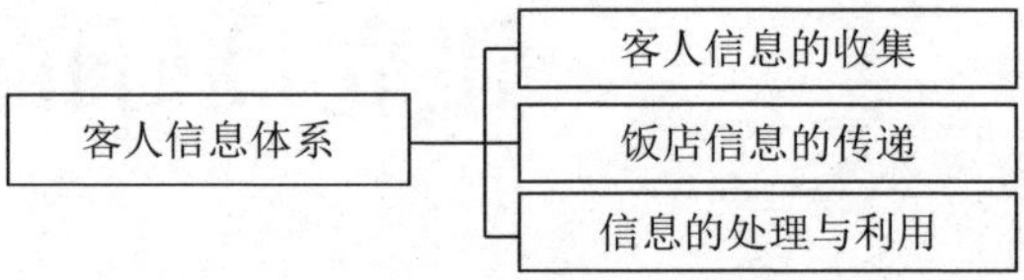

在丽思·卡尔顿全球联网的系统档案中，详细记载了数十万客户的详细资料。有一次，韩国一家跨国集团公司的副总裁到澳大利亚出差，当他住进丽思·卡尔顿酒店后，便打电话给客房中心，要求将卫生间内的润肤乳液换成另一种婴儿牌的产品，饭店很快满足了他的要求。三周后，当这位副总裁住进美国新墨西哥的丽思·卡尔顿酒店时，他发现卫生间里已经摆着他所熟悉的婴儿牌乳液，一种回家的感觉在心中油然而生。凭借信息技术和多一点点的用心，丽思·卡尔顿酒店使宾至如归不再是口号。丽思·卡尔顿全球联网的电脑档案中记载的客户个人资料，是每一个客人和卡尔顿员工共同拥有的小秘密。

美国沃尔玛的前老板有一个习惯，在看沃尔玛的门面时，他喜欢站在门口。他说，公司碰到什么问题，客人对公司有什么想法，只有站在门口才能发现这些信息。对饭店而言，最容易出现问题的地方一定是在大堂，所以，饭店大堂通常设有一个大堂副理，他的职责就是要替饭店总经理观察进出的客人。就像沃尔玛的老板那样，站到门口去看看客人发生了什么事儿，及时收集相关信息。遗憾的是，很多饭店的大堂副理只是坐在那里打电脑，或者在写公文、看文件。

不在大厅巡视，如何有效收集客人信息呢？

1. 网络平台

（1）网络点评。随着互联网的快速发展和移动互联时代的到来，越来越多的消费者通过网络获取信息、发表评论。据 2020 年 8 月中国饭店协会联合众荟信息发布的《2020 年中国住宿业市场网络口碑报告》显示，2019 年，全国共产生点评 3583 多万条，分析观点超过 1.29 亿个。网络点评、在线口碑越来越受到企业的重视。饭店对点评的管理也不再局限于及时回复好评与处理差评，很多饭店对点评内容进行更深入的分析，从客人的体验反馈中发现管理、服务、设施中的不足，找到改善的地方，从而不断优化管理与服务，提升饭店的品牌力和竞争力。饭店管理者还可以针对不同人群的点评进行分类分析，寻找不同出行目的消费者关注的服务差异化和需求满意度差异化，以便提供个性化服务。借助网络平台，饭店管理者还可以与所在城市同档次的竞争对手进行对比，从消费者的角度分析自己的优势和劣势分别表现在哪些维度上，以便针对劣势进行改进。

（2）其他数据。在大数据时代，饭店可以利用的数据绝不限于点评数据，用户在搜索预订平台上的搜索、浏览、预订等行为数据，饭店的预订、平均房价等运营数据，消费偏好等数据都可以为饭店所利用。这些数据可以辅助饭店不断地优化与改善产品与服务，提升客人的入住体验，培养与发展更多的忠诚用户，形成可持续竞争力。

【例 3–1】

二维码扫描点评

为了更好地收集客人住店意见、方便客人点评，一些饭店在各营业场所、公共区域（如客房、餐厅、前台、电梯间等）普遍印有二维码，方便客人随时随地拿起手机扫描点评，客人无须烦琐的文字输入，可以通过语音留言，将内心的想法“说”出来。饭店管理者登录后台，即可实时获取对客人体验的反馈意见，及时通过各种方法解决客人的吐槽、投诉，将住客的负面情绪留在饭店，避免在公开渠道发布。

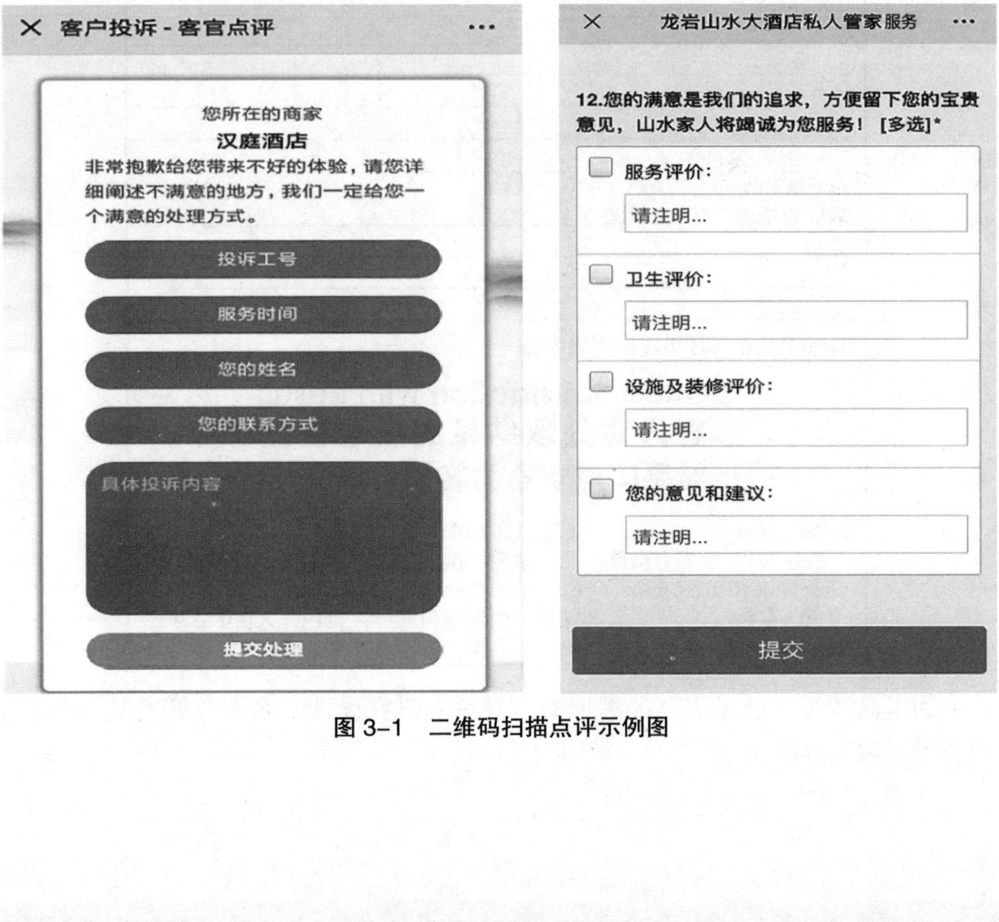

图 3–1　二维码扫描点评示例图

2.“客人意见表”

“客人意见表”是被饭店广泛采用的一种获得信息的方式。具体做法是将设计好问题的意见征求表格放置于客房内或其他营业场所易于被客人取到的地方，由客人自行填写并投入饭店设置的意见收集箱内或交至大堂副理处。

表 3–1　客人意见反馈表

中國大酒店 CHINA HOTEL BY Marriott

Guest Response Form

客人意见反馈表

お客様ご意見表

Guest Name 客人姓名 お名前 ____________　Room Number 房号 お部屋番号 ____________

Name of Associate 员工姓名 担当者名 ____________　Dept. 部门 部門 ____________

Date 日期 日時 ____________　Time 时间 時間 ____________

Comments: 意见 ご意見 ____________

____

____

____

____

Action Taken: 采取的措施 行った処置 ____________

____

____

____

Time Taken 所用时间 担当者名 ____________

Guest Satisfaction with Result

客人对处理结果的满意程度

結果に対するお客様の満足度

□ Delighted 极为高兴 とても満足　□ Satisfied 满意 満足　□ Unhappy 不满意 不満足

White: File (GSD) 白色：存档 白：ファイル

Green: Concerned Dept. 绿色：相关部门 緑：関係部門

Yellow: Reg Card 黄色：入住登记表 黄：登録カード

为提高“客人意见表”的返回率，需精心研究设计“客人意见表”，做到栏目清晰、填写方便。

表 3-2 客人意见表

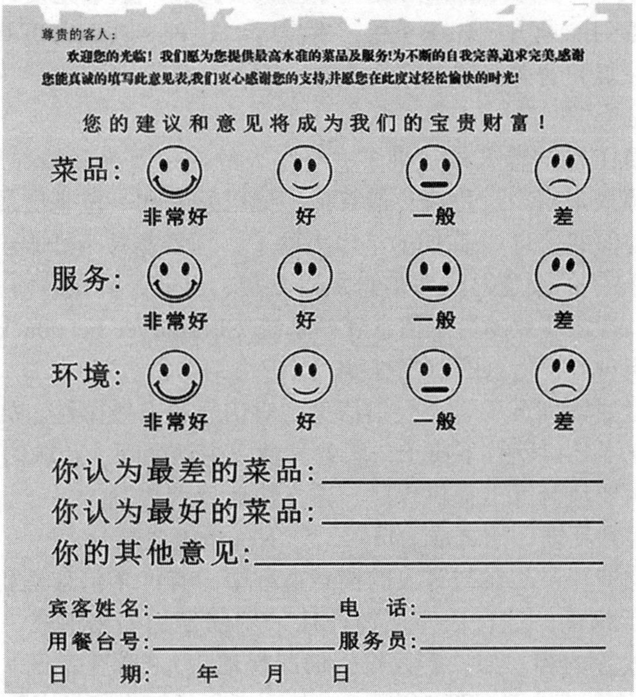

尊贵的客人：

欢迎您的光临！我们愿为您提供最高水准的菜品及服务!为不断的自我完善,追求完美,感谢您能真诚的填写此意见表,我们衷心感谢您的支持,并愿您在此度过轻松愉快的时光!

您的建议和意见将成为我们的宝贵财富！

菜品：非常好 好 一般 差

服务：非常好 好 一般 差

环境：非常好 好 一般 差

你认为最差的菜品：______

你认为最好的菜品：______

你的其他意见：______

宾客姓名：______ 电 话：______

用餐台号：______ 服务员：______

日 期： 年 月 日

为了更好地收集客人意见，不少饭店设立了互动式网站，让客人把自己的想法和感受通过网络充分展现出来，与客人进行互动式交流，为饭店提供信息来源。例如，如家饭店在其网站上发放电子问询表，主动征求客人意见，依据客人反馈的意见不断提高服务质量、提升产品品质。

3. 专项调查

表 3-3 客人对房间打扫的特别要求

<table>
<tr><td>房 号</td><td></td><td>时 间</td><td></td></tr>
<tr><td colspan="4">内 容</td></tr>
<tr><td colspan="4"></td></tr>
<tr><td>客人签名</td><td colspan="3"></td></tr>
<tr><td>服务员签名</td><td colspan="3"></td></tr>
<tr><td>备 注</td><td colspan="3"></td></tr>
</table>

专项调查是针对客人的一种专门调查，以有的放矢收集某些信息，如“长住客人需求征求表”“菜肴质量意见表”等。专项调查一般事先设计好调查表，放置在客人容易看到的地方，如床头柜、餐桌等。这种专项调查更有针对性，更能获取客人对某一服务的需求信息。

4. 员工意见反馈

饭店一线员工是与客人接触最多、对客人的需求及满意情况最为了解的人，他们的信息来源最丰富、最快捷、最直接、最可靠。如一位基层员工肯定比管理者更经常听到类似的信息：“你们的浴巾太硬了，用着非常不舒服。”“这道菜太咸了。”如能通过科学的渠道对这些信息加以收集、反馈，其效益将是十分显著的。国际上流行的、行之有效的员工信息反馈系统（Employee Feedback System）充分反映了国际饭店对员工信息的重视程度。

基层管理者要培训员工学会收集信息，对信息要有敏感性。如餐厅有客人点了宫保鸡丁，吃了几口就放下筷子，服务员就应主动询问，获取信息。

另外，饭店要从制度上提供保障，建立快速反馈机制。保证员工广泛收集到的意见能及时得到反馈，使之成为员工工作的一个组成部分。

（1）法定反馈。员工在与客人的接触过程中，有许多信息是要以制度的形式明确规定必须反馈的。这种法定反馈往往采用固定的表格形式，并明确规定填写人、反馈路线等内容。如“客人投诉情况反馈表”“常客意见／消费信息反馈表”“会议、团体负责人意见调查表”“大堂副理每日工作报告表”等。

【例 3–2】

餐厅服务信息记录本

某饭店餐厅经理给每个服务员专门定制了餐厅服务信息记录本，所有员工必须现场第一时间记录下客人有关就餐的评价和意见。每位员工有一个小皮夹，内放手机、名片、笔和记录纸。员工要把客人现场的评价和意见悄悄地详细记录下来。“客人对菜品很满意，特别是浓汤豌豆、辣汁野菌煮云吞。”“今天点菜点得多了，有点浪费。”……对所有评价和意见，每天收集汇总，及时分类处理。对特别重要的意见，按单次给予奖励。客人不经意间的评价才是最真实、最有价值的。

（2）案例提供。服务工作千变万化，没有一套规章制度可以囊括服务工作中遇到的所有情况，而服务案例的收集与整理正是弥补饭店规章制度这种不足的一种行之有效的方法。服务案例是饭店员工智慧的沉淀与积累，是新员工入职培训不可多得的教材，也是透视顾客需求与饭店服务水平的窗口。为了使更多的一线员工自觉参与到案例的提供工作中来，管理者可采用多种鼓励方式：如将员工提供的案例在店刊上发表及将案例的提供与员工的晋级、晋升挂钩等。

（3）小组座谈。小组座谈可以集思广益，充分调动员工的积极性。例如，在某饭店西餐部的一次小组讨论活动上，有员工提出了在实际工作中遇到的这样一个问题：多数本地客人对西餐正规的出品顺序表示不耐烦和不满，他们更希望汤同主盘一起上，而不是分开来。小组成员就此展开了热烈的讨论，有人坚持既然是西餐厅就应该按照西餐特有的服务标准和规范，客人有不同意见应向他们解释清楚，并加以积极的引导；也有员工认为，客人并不喜欢服务员教他们怎么做，还是应该主动顺应客人的需要因人而异提供服务……最终，后一种意见占了上风，小组成员并专门就此次讨论的内容向部门递交了改进方案。

（4）总经理信箱。总经理信箱制度是一种开放式的员工意见征询制度，它不限于“总经理”及“信箱”这些特定的形式，可以多形式、多层次地开展。关键是要对员工提出的意见或信息给予及时的答复，对被采纳的合理化建议要进行必要的奖励，否则，总经理信箱可能会成为聋子的耳朵——摆设。

【例 3–3】

地铁出行口诀

南京中心大酒店是一家位于市中心新街口的五星级酒店，有自驾游的住店客人询问去夫子庙的路线，员工往往不假思索地回答：“开车 10 分钟即到。”结果客人游玩回来非常不满意，抱怨说：“开车 10 来分钟是到夫子庙了，但是找车位就找了半个多个小时。”

酒店前厅部一位员工非常用心，专门为此事到夫子庙踩点，结果发现，坐地铁去夫子庙更便捷。该员工还根据乘坐情况编了去夫子庙的出行顺口溜：

夫子庙：1 号线（地铁 1 号线），2 站路，三山街（站），4 号口（出站），5 分钟（步行时间）

该员工的做法得到了酒店管理层的认可和重奖。为方便旅游者，酒店专门制作了一张从酒店到市区主要游览景点地铁出行口诀卡片，小小举措彰显了酒店员工的服务精神。

中山陵：2 号线（地铁 2 号线），4 站路，苜蓿园（站），1 号口（出站），（转）游览车

玄武湖：1 号线（地铁 1 号线），3 站路，玄武门（站），3 号口（出站），5 分钟（步行时间）

5. 现场访问

现场访问是抓住与客人会面的短暂机会，尽可能多地获取客人的意见、看

法。现场访问是饭店业获得客人意见的一种最重要方法，一名成熟的管理者应善于抓住并创造机会，对客人现场访问调查。事实上，现场访问可利用的机会很多。如对 VIP 客人在迎来送往中的现场访问，每天选择几间客房带上名片、鲜花对住客进行拜访等。

现场访问掌握得好，是一种沟通感情的好方法；如掌握得不好，则无疑是对客人的一种打扰。因此，管理者一定要掌握好一个“度”，注意区分时间、场合、气氛、对象是否适合进行现场访问，并要把握好谈话的时间与分寸。

6. 现场巡视

现场巡视法是指管理者通过例行的工作巡视，采用现场观察的方式来获得有关信息的方法。管理者亲临服务现场，对于掌握服务工作中的第一手资料，从整体上了解客人的需求与服务水平，客观评价下属工作，激发工作士气等有着十分重要的作用。

7. 经营数据分析

客人的消费情况是客人需求倾向与好恶的一个重要反映。在日常工作中，管理者应重视各种经营数据的收集与分析，正确把握客人的需求与期望。

【小资料】

我是客人，我想说的 10 句心里话

（1）请笑着欢迎我，我很敏感，能感觉到你的情绪，我和你一样，喜欢开心地生活。

（2）我喜欢被尊重，我喜欢被人记住姓名，也希望知道你是谁。

（3）请不要急着推销你的产品，请先了解我到底需要什么，我会买的。

（4）我的问题不多，但请你真诚地帮我解决，你帮助了我，我是很容易信任你的。

（5）如果我在为我的亲人选择产品，希望你和我一样多关心他，那样我会被感动。

（6）打小就知道王婆卖瓜，所以我也不喜欢自我标榜，我相信切实的数据和无可辩驳的第三方证据。

（7）如果我暂时不想买，你能不能和我多说说话，我不喜欢冰冷的态度。

（8）请笑着和我说再见；我会再来的，如果我没记得，请您提醒我。

（9）能和你做朋友我将会很开心，我也很乐意帮助我的朋友。

（10）偶尔的一个意外惊喜，哪怕是一个卤鸡蛋，我也会如朋友般感动你记得我。点滴之间都是人性的温暖……

（二）饭店信息的传递

客人在饭店消费需要知晓很多信息，饭店传递信息时要做到以下几点：

1. 主动告知

许多饭店对客服务中有这样的要求：有问必答、百问不烦、百答不厌。其实，有问必答并非是优质服务的表现，饭店为什么不能主动向客人告知与客人相关的信息呢？让客人提问本身就是给客人带来了麻烦。

【例 3–4】

门把手上挂个告示牌

通常，饭店的结账退房时间是中午12时，过了这个时间，如果当天预离店的客人还未退房，回房时会发现房卡打不开房门了，很多客人不清楚其中的缘由，就会问客房服务员，并叫服务员为他们开门。而服务员还须向总台核实该客人的身份。客人等得不满意，也影响了客房服务员的工作。其实，对此类客房，到了饭店规定的退房时间，可以在门把手上挂个告示，提醒客人已到退房时间，如果需要续住可与总台联系。

【例 3–5】

同行人员住房表

同行人员租用饭店几间客房，往往不清楚其他人员的房间号，有时容易记错。为方便同行人员联系，可为有预订的客人提前准备好“同行人员住房表”并放入客人房间；无预订的客人，则可等客人登记入住后，再将此表（见表 3–5）放进客房，以方便客人间互相联系。

尊敬的：

欢迎您入住 ×× 大饭店，为方便您的联系，以下是您同行人员房间安排表。

姓　名	房　号	内线电话

2. 及时准确

饭店给客人传递信息时，一定要做到及时正确。

北京大栅栏附近有一家酒店，每天下午将次日天安门广场升旗、降旗仪式的具体时间抄写在大堂的告示板上，方便客人获知相关信息，此举大大方便了客人。

【例 3–6】

众口不一的爬山时间

一次，王先生在泰山脚下的一家饭店入住，第二天决定去爬泰山。登记入住时向总台询问爬上泰山顶需要多长时间，接待员 A 说要 3 个小时，接待员 B 说至少要 7 个小时，大堂副理说要 5 个小时。王先生亲自去爬才发现，按照一般的速度，从段庙一直走到中天门只要 2 个小时。王先生又从其他游客那里得知，坐索道从天门到山顶只要 10 多分钟，走路最多 1 个小时。

［**点评**］饭店管理者应培训员工熟知饭店附近的景点信息，尽可能准确详尽地把信息提供给客人，并使员工明白如何利用信息咨询这个机会为饭店留住客人。一些客人经常询问的信息应以书面形式予以固化，便于客人知晓、员工查找。如天津利顺德大饭店、南京高淳国际慢城枕松度假酒店就在大厅告知客人相关信息，为客人打卡拍照、周边出游主动提供帮助。

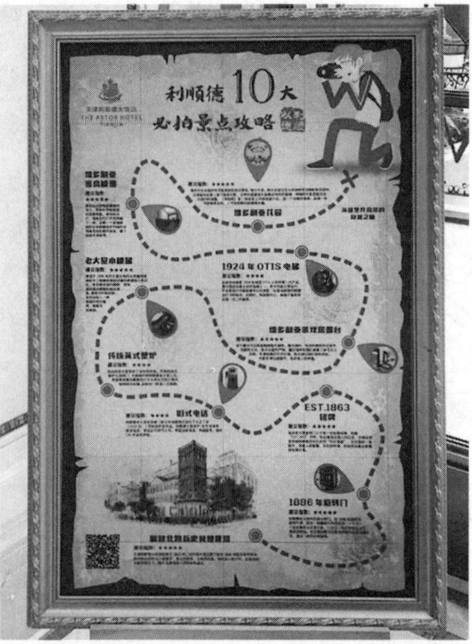

图 3–2　利顺德必拍景点攻略

图 3–3　酒店周边自驾线路推荐

3. 明确具体

不论是口头还是书面表述，均应做到明确具体。试比较以下两种说法：

说法一：凭房卡免费提供一杯饮料。

说法二：凭房卡免费提供一杯迎宾酒。

说法一会让客人理解为在饭店任意消费可获赠一杯饮料，而第二种说法就进行了限定。

【例 3–7】

房价“含早”，是一人份还是双人餐?

张先生 11 月 5 日在南京某酒店官网上预订了一间大床房，销售网页上标明了房价“含早餐”，价格为 378 元。11 月 9 日下午，张先生夫妇到了南京，随后到酒店办理入住手续。第二天一早，两人去吃早餐时，却被酒店工作人员拦在了门外。工作人员表示，一个房间只送一个免费早餐名额，另一人要自费 20 元才能吃早餐。听到这话，张先生很生气。他认为这跟酒店网页宣传的不一样，于是便和酒店工作人员吵了起来，随后拨打了当地市场监督管理局的电话进行投诉。

执法人员到酒店现场调查处理时发现，酒店网页上只标明了房价内含早餐，并没有对入住房间的人数等事项进行另外说明及限制。执法人员由此认为要求张先生多付钱是不合理的。最终酒店承认宣传有误，退给张先生 20 元。

［**点评**］对于早餐券的问题，大多数酒店都会直接用标签标注“双早”“单早”“无早”等，客人预订时就可以看得一清二楚。如果需要加餐，部分酒店也有明确说明，如某连锁酒店就在预订页面标明，加早餐，58 元 / 人。也有酒店虽然标注房间可“2 人入住”“多人入住”，但是附赠的早餐券是“单早”。总之，酒店应在预订页面显著位置明确标识，以保障消费者的知情权。

4. 要有亲和力

企业向客人传递的信息不论是口头的还是书面的，都应有亲和力，以便拉近与客人的距离。

亲和力，狭义上是指一个人或一个组织在群体心目中的亲近感；广义上是指一个人或一个组织能够对所在群体施加的影响力。

图 3–4　具有亲和力的提示

亲和力最早是属于化学领域的一个概念，特指一种原子与另外一种原子之间的关联特性。现在，亲和力被越来越多地用于人际关系领域。越来越多的服务企业将亲和力作为从业人员必备的素质。具有亲和力，能拉近员工之间以及员工与客人之间的心理距离，从而产生最大化的管理效能和经济效益。图 3–4 是疫情期间苏州某酒店的温馨提示，如此具有亲和力的提示，一定会打动客人的心。

【例 3-8】

三张环保卡片

某饭店的客房里放有三张环保卡片。

其一，是一张非常具有人情味的卡片，上面写着：

“尊敬的宾客：

如果您在打点行李时忘带了洗漱用品（牙刷、牙膏、剃须刀、剃须膏、梳子等），只要给客房部打个电话，我们将立刻免费给您送来。”

其二，是放在卫生间的一张卡片，上面写着：

“尊敬的宾客：

您可曾想过，每天世界各地的饭店有多少吨毛巾毫无必要地更换洗涤，因此而耗用的数量巨大的洗涤剂对我们的水资源造成了多大的污染？为了我们共同的环境，请您做出决定，将毛巾投入浴缸表明您要求将其更换；否则就意味着您愿意继续使用，我们将为您挂放整齐。谢谢您对环保的支持！”

其三，是放在床头柜上的卡片，上面写着：

“尊敬的宾客：

通常我们每天都对客人的床单进行换洗，如果您觉得没有必要，请于清晨将此卡放在床上，这一天您的床单将不再更换。感谢您对饭店绿色行动的支持！”

（三）信息的处理

1. 数据分析

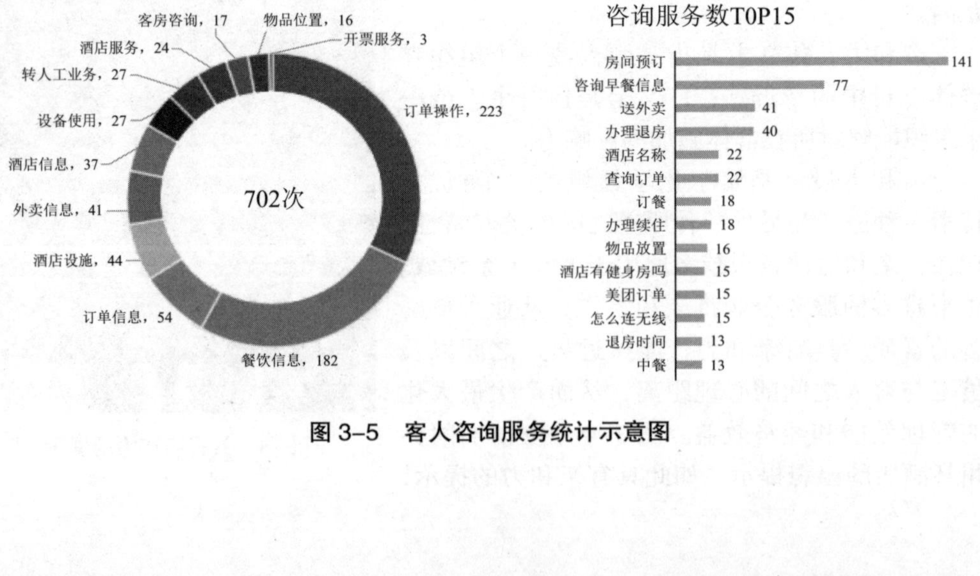

图 3–5 客人咨询服务统计示意图

管理者应根据本企业的具体情况，将搜集到的信息按其特点进行分类归档，为经营决策、改进服务提供原始数据资料。如某四星级饭店要求客房中心员工每个月、每个季度都要对客人服务需求进行统计分析，从中发现客人的服务需求。如今，借助AI电话管家，客人服务需求的数据收集与汇总工作变得更为简单。图3–5是某酒店一个月的客人咨询服务统计示意图。

2. 建立客史档案

客史档案（Guest History Record），又称客人档案，是饭店对在店消费客人的个人情况、消费行为、信用状况、偏好和期望等特殊要求所做的历史记录。它其实就是将日常工作中收集到的关于客人的一切信息都进行详细记录，使之形成一套制度化的系统的规范文本。客史档案是饭店销售的重要工具，是改善经营管理和提高服务质量的重要资料。

客史档案通常包括以下内容：

（1）常规档案。客人姓名、性别、年龄、出生年月、婚姻状况以及通信地址、电话号码、公司名称、职务等。

（2）预订档案。包括客人的订房方式、订房数量、订房时间、订房类型等。

（3）消费档案。包括房间价格、客人入住房间、餐费以及商品购买等项目。

（4）喜好档案。如客人喜欢的房间和服务方式，从而了解客人的消费水平、消费喜好。

（5）反馈信息档案。客人意见、投诉及处理结果等。

一些高档饭店的管家服务“客史档案”记录的客人需求信息更为齐全：从客人生日到水果、酒水、客用品偏好及家乡城市等一应俱全。

表3–4 客人信息记录表

Birthdays 客人的生日	Butler last visit 上次入住管家
Anniversary 周年纪念日	Wine preference 红酒偏好
Special Occasion 特殊事件	Music preferred 音乐偏好
Repeat guest 熟客	Golfer 是否打高尔夫
Usual game played 喜爱的游戏	Fruit preferred 水果偏好
Suite preference 套房设置偏好	Newspaper preferred 报纸偏好
Drink preference 酒水偏好	Magazines preferred 杂志偏好
Food preference 饮食偏好	Amenity preferred 客用品偏好
Tea/coffe preference 茶 / 咖啡偏好	Previous complaints 此前投诉内容
Breakfast time 早餐时间	Physical handicap 身体残疾

续表

Breakfast standing order 早餐常规订单	Allergies 过敏史
Pillow type 偏好枕头类型	Dietary requirements 饮食需求注意
Wardrobe care 衣橱护理	Likes/Dislikes 喜欢的人与物 / 厌恶的人与物
Unpacking requested 行李打开要求	Home city 家乡城市
……	……

二、关注服务接触点（MOT 关键时刻）

饭店业的一个基本特征是，员工及饭店其他资源和客人发生的服务接触，服务提供和消费过程通常同时发生，即员工提供服务给客人的时刻，也正是客人消费服务的时刻。员工及饭店资源和客人之间发生的这种接触时刻就是饭店服务接触点——Moments of Truth（MOT）。

"Moments of Truth"一词是由北欧航空公司前总裁詹·卡尔森创造。卡尔森在 1981 年进入北欧航空公司担任总裁时，该公司已连续亏损且金额庞大。然而，不到一年时间，卡尔森就使该公司扭亏转盈。这样的业绩完全得益于北欧航空公司员工认识到了 MOT 关键时刻的重要性：在一年中，在与每一位乘客的接触中，包含了上千万个"MOT"，如果每一个 MOT 都是正面的，那么客人就会更加忠诚，就会为企业创造源源不断的利润。卡尔森认为，关键时刻就是客人与北欧航空公司的职员面对面相互交流的时刻，放大之，就是客人与企业的各种资源发生接触的那一刻，这个时刻决定了企业未来的成败。

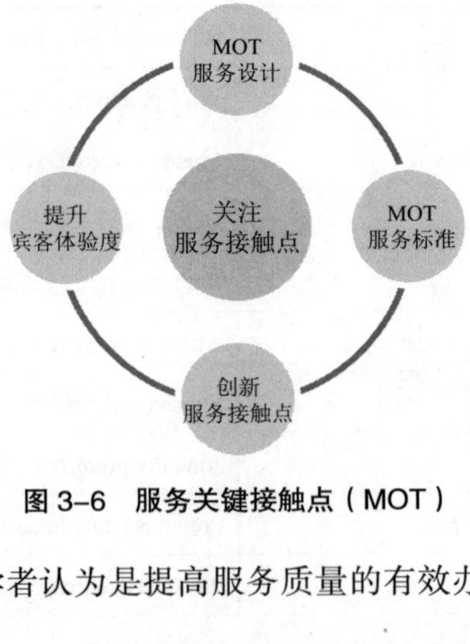

图 3–6 服务关键接触点（MOT）

MOT 理论被西方学者认为是提高服务质量的有效办法，它主要针对营利性企业的研究而提出，当然也适用于作为服务业代表的饭店企业。

饭店的关键时刻是指在特定的时间和特定的地点，员工借助这个机会向客人展示饭店服务，以获取客人满意的时刻。在这个关键时刻，服务人员的服务技巧、态度和客人的期望、感知共同构成了服务的传递过程。MOT 决定了客人头脑中对服务质量优劣的评价。管理好这些关键时刻，必定会为饭店带来良好的口碑，创造出更大的效益。

（一）MOT 服务设计

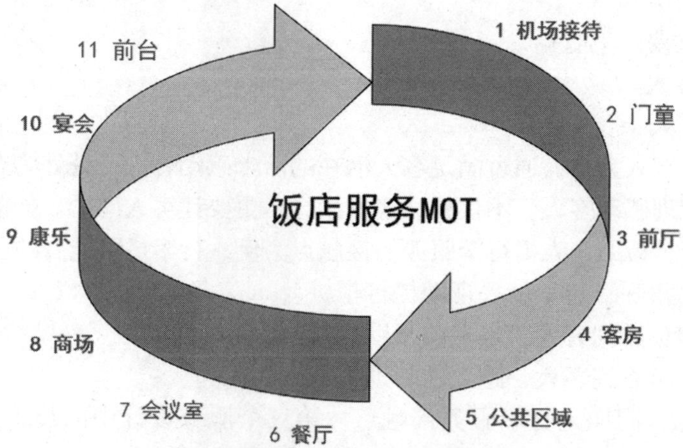

图 3–7 饭店服务关键接触点（MOT）

服务需要设计，美国一家饭店管理公司根据卡尔森“Moments of Truth”的观点设计了客人在酒店逗留期间的 39 个关键时刻，在这 39 个关键点，每次与客人的接触都是一次服务机会，其中，前厅有 17 个接触点。这些接触点就是为客人提供优质服务、与客人建立关系的关键时刻，饭店需要对这些接触点的服务进行精心设计，为客人创造一个美好的服务体验，并通过员工来实现这些关键时刻的服务，使客人有宾至如归的感觉。

前厅服务接触点（MOT）

✧ 总机接到电话

✧ 客房预订处接到电话

✧ 提供信息或为客人订房间

✧ 客人到达饭店门前

✧ 客人走在大堂里

✧ 行李员向客人问好

✧ 客人登记入住

✧ 陪同客人去房间

✧ 行李员巡视房间

✧ 客人接到叫早服务

✧ 客人给前台打电话询问信息

✧ 客人向前台询问信息

✧ 客人打电话要求帮助拿行李

✧ 行李员帮助客人提行李

✧ 客人退房

✧ 客人索要账单收据

✧ 送别客人

1. 感动客人

服务要以客人为本，通过满足客人潜在的需求感动客人；处处为客人着想，通过细致化的管理感动客人。不仅要让客人满意，更要让客人感动。如前厅是酒店的窗口，以礼宾员帮助客人提行李服务的接触点为例，行李员可能有的服务行为有：

（1）客人招呼，行李员去帮助提行李。

（2）行李员看到客人，走上前帮助提行李。

（3）行李员看到客人，跑上前帮助提行李。

显而易见，同样是行李服务接触点，第三个服务设计中的员工更积极主动，更能体现饭店的服务水准，也更能感动客人，赢得客人好评。

2. 用户思维

用户思维，指的是一种以用户体验为中心，让用户在产品或服务使用过程中更好实现个人价值的思维方式。用户思维是互联网时代最核心的思维。

【例 3–9】

重在客人需求

一个国王让两个工匠雕刻老鼠，第一个雕得栩栩如生，第二个雕得不是很像。当国王准备宣布第一个工匠获胜时，第二个工匠提议让猫来鉴别谁雕得最好。结果，猫喜欢第二个工匠雕的，因为他是用鱼骨雕的。

[**点评**] 成功的人不一定是技术最好的，而往往是最了解客人需求的。经营企业的最终目的是满足客人的需求，只有用客人的视角去观察什么样的产品是他们最需要的，才能让客人第一时间喜欢上这样的产品。

饭店服务质量的四个“黄金标准”也是从客人角度出发，对饭店服务的环境、产品、人员三个方面提出基本要求。它是饭店视觉形象、服务功能以及精神享受最本质的标准。

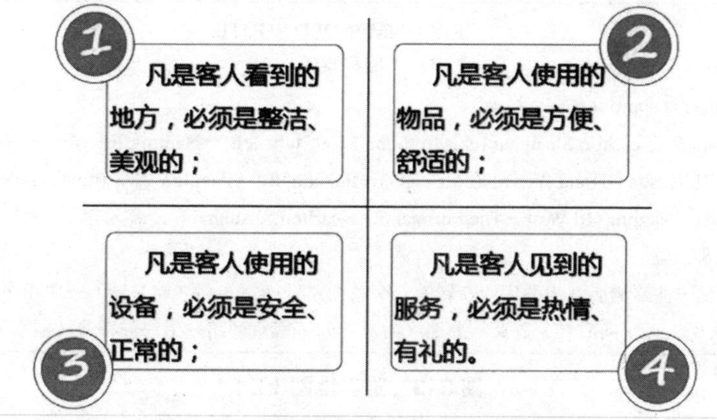

图 3-8 饭店服务质量的四个“黄金标准”

服务设计更多需要站在客人视角，为满足客人需求进行设计。如为客人指路说方向，避免说东南西北，而应说左右前后，因为客人在异地他乡，方向感会比较差，尤其在大城市，说东南西北很容易让客人转糊涂。如上海波特曼·丽嘉酒店放在客房内的跑步地图上面没有指南针，只有左右、直行方向。

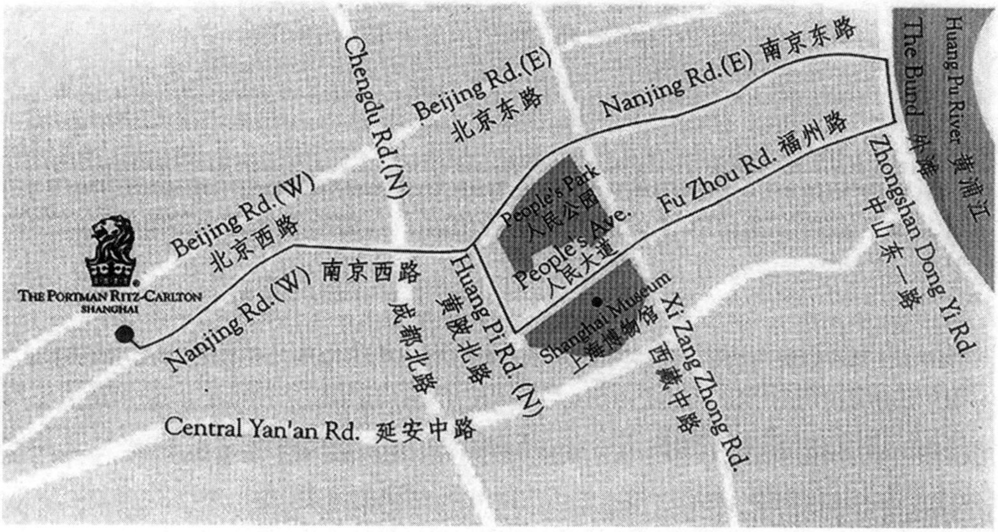

图 3-9 跑步地图（1）

RECOMMENDED ROUTE

路程推荐

Total distance is approximately 8 km

The Portman Ritz-carlton,Shanghai (exit from the hotel, turn left)→Nanjing Rd West→-Nanjing Rd East (turn right)→Zhongshan Dong Yi Rd (turn right)→Fuzhou Rd→People's Ave (tum right)→Huangpi Rd North (turn left)→Nanjing Rd West→The Portman Ritz-carlton,Shanghai

总距离约 8 公里

上海波特曼·丽嘉酒店（出酒店向左转）—南京西路—南京东路（向右转）—中山东一路（向右转）—福州路—人民大道（向右转）—黄陂北路（向左转）—南京西路—上海波特曼·丽嘉酒店

图 3–9　跑步地图（2）

饭店管理人员可以在不同岗点开展 MOT 服务设计创意竞赛，如“零点餐厅”接触点：

（1）我怎样利用这个服务机会，使客人感到更受欢迎？

（2）我怎样利用这个服务机会，为客人提供更多的信息？

（3）我怎样利用这个服务机会，使客人感到更加愉悦？

（4）我怎样利用这个服务机会，使客人感到备受关心？

（5）我怎样利用这个服务机会，为酒店促销更多的菜品？

（6）我怎样利用这个服务机会，超越客人的期望？

（二）MOT 服务标准制定

1. 服务程序及标准

服务程序如行李服务程序、送茶水服务程序等，即在服务操作上先做什么、后做什么。服务标准是保证关键时刻服务全面、准确及流畅的前提条件。表 3–5 为某酒店出租车服务标准，供学习参考。

表 3–5　出租车服务

客人的期望	我希望酒店可以提供给我高质量的出租车服务。出租车必须干净整洁，车况要好，司机要有良好的仪容仪表。我不希望为了价格与出租车司机发生争执。我希望能顺利安全地抵达目的地
步骤	**做法及标准**
1. 接受服务需求	接到客人租车服务需求 如果客人希望保留一辆出租车，礼宾部员工必须提前为客人预留一辆出租车 出租车必须整洁、车况良好 出租车司机必须有良好的素质及仪容仪表

续表

2. 记录	询问客人的目的地并记录在酒店卡片上以备用 告诉客人需要等待的时间 当出租车过来时，将出租车车号记在酒店卡片上 如果客人有任何问题，都要为其耐心解答 把客人的目的地告诉司机
3. 运送行李	将客人的行李放进出租车的后备厢 与客人确认行李件数
4. 客人上车	为客人打开出租车车门 在客人上车前将手放于车门上方，防止客人上车时碰到头
5. 送别	再次与司机确认客人的目的地 向客人致以最真诚的祝福 将写有出租车牌号的酒店卡片交给客人

2. MOT 服务效率标准

服务效率标准，是指关键时刻服务的时效标准，如接到客人要求送茶水的电话后，3 分钟内将沏好的茶水送至客房。服务效率标准是保证客人能得到及时、快捷、有效服务的前提条件，也是服务质量的保证。为了提高服务效率、提升客人体验，有些酒店在总台摆放了一个计时 3 分钟的沙漏，如果在规定时间内没有办理好入住手续，客人有权不支付房费。

图 3–10　服务承诺示例

3. MOT 服务状态标准

服务状态标准是对服务人员言行举止的标准。如"喜达屋关爱"对客服务计划，即喜达屋明星服务（STAR Service）提出了对客服务四大标准：

◆微笑与问候（Smile & Greet）

◆交谈与倾听（Talk & Listen）

◆回答与预计（Answer & Anticipate）

◆圆满地解决客人问题（Resolve）

这四条标准的第一个英文字母连起来刚好就是STAR，即"明星"的意思，它言简意赅地涵盖了饭店业服务的精髓。

以某品牌酒店集团为例，其文化服务标准为：

微笑：主动微笑着问候客人，口齿清晰，有礼貌。

注目礼：对客人应行注目礼，即使是擦肩而过，也应有所示意。

认同：如果知道客人的姓名，用自然而且含蓄的方式称呼他们，让客人获得一种认同感。

声调：用专注、自然、谦逊有礼的方式与客人交谈，不做作，口齿清晰。

知晓：充分了解酒店和产品，主动满足客人的简单要求，不推托。

整洁：装扮干净、整洁、合身、得体。

关怀：每一个人，无论何时何地，都能对客人表示出关怀。

（三）创新服务接触点

饭店管理者应训练员工对关键服务点的程序和诀窍进行有效掌握和运用，并且鼓励员工多创造新的关键点。每个员工都要把每个接触点都看作是一次服务机会，为客人创造良好的服务体验，使客人有物超所值的感觉，如一句亲切的问候、一杯香浓的红茶等。可以通过发动全体员工，通过头脑风暴法来不断创新服务点子，从而在一个特定的服务接触点创造更多对客服务价值。

南京中心大酒店推出的"礼仪行动"创新服务接触点的要求是：（1）主动发现客人需求，让客人享受在其他酒店享受不到的服务，并给客人带来惊喜；（2）将服务做到极致，做到客人感动为止。酒店要求各部门各岗点根据礼仪行动的范畴并结合工作实际，列出本部门本岗点的礼仪行动具体条目，并在实践中不断丰富发展，目前，固化的礼仪活动条目已有160多条，创造了不少服务接触点，让越来越多的客人产生了"WOW"满意加惊喜的感觉，将头回客发展为回头客。

表 3-6 南京中心大酒店礼仪行动条目

部 门	礼仪行动
前厅部	1. 客人 CHECK-IN 时提供擦行李箱服务 2. 客人 CHECK-OUT 时准备早餐饭盒 3. 提供南京旅游地图和景区地铁出行小卡片 4. 客人外出游玩赠送矿泉水、纸巾 5. 帮助客人设计旅游路线 6. 客人离店后短信问候
客房部	1. 熨烫报纸服务 2. 个性化开夜床服务 3. 为电脑客户提供鼠标垫及电脑散热器 4. 衣物烘干服务 5. 客人花粉过敏的送口罩 6. 赠送黄瓜片（女士美容用）
餐饮部	1. 客人咳嗽时提供冰糖蒸梨 2. 客人感冒时提供姜茶 3. 为老年人提供背靠垫 4. 提供擦眼镜布 5. 提供菜肴打包服务 6. 客人过生日的赠送生日蛋糕
保安部	1. 为自驾游客人擦洗车辆 2. 提供小件物品修理服务 3. 提供祝您一路平安卡

（四）提升客人体验度

为了让枯燥的服务接触变成客人的一次新奇体验，需要通过精心设计，增加与客人的互动。迪斯尼的表演式服务是最好的借鉴。

1. 开展表演式服务

迪斯尼乐园的工作人员特别富有工作激情和表演才华，客人置身其中，可以充分体验到什么是“快乐”。迪斯尼公司在培训新员工时，首先让新员工了解的服务理念是：管理者是导演，员工是演员，客人是观众；一个职位是一个角色，一个工作说明是一个脚本，一套规章制度就是一个剧本，一班工作是一场表演，一套制服是一套表演服装，上班时穿上表演服装上台表演，下班时脱下制服下台休息。酒店工作也完全一样，服务人员上岗就如同演员在表演，观众就是客人。如果演员的演技逼真、服务技能高，就会赢得客人的赞赏。如客人到达饭店时，大堂经理健步上前亲自为客人拉车门，这一做法也是一种“秀”，秀给客人看，让客人的第一印象很深刻，让客人感到自己所受到的重视程度，在关键时刻留下完美印象。客人高兴、满意，饭店网评等各个方面自然也就提升了。如在海底捞，客人点了面类食物，服务员都会为客人表演一段生龙活虎的“拉面秀”。

2. 重视服务仪式

仪式感是人们表达内心情感最直接的方式，它可以让一件平凡单调的小事变得庄重而颇具色彩。饭店管理人员要充分重视仪式感的设计，如当重要客人抵达饭店时，专门安排隆重的欢迎仪式，以表示对客人的重视。饭店常见的欢迎仪式是，饭店管理人员在大堂列队热情欢迎，服务人员根据季节特点给客人送上合适的欢迎茶饮和欢迎毛巾，特别隆重时送上鲜花。如桂林香格里拉大酒店对传统的饭店欢迎仪式做了改进和创新，安排员工穿上少数民族服装，在大堂用竹竿舞的形式欢迎远方来的客人，不仅员工自己跳，还可以与客人互动。这种创新的欢迎仪式既与众不同，又符合本地的文化特征，将民族文化有机融入了饭店服务之中，受到了客人的好评，不少客人积极参与其中，感受饭店的热情与友好。欢迎仪式为客人带来了好心情、赢得了客人的好评。

【例 3-10】

天目湖宾馆鱼头“开封仪式”

江苏溧阳天目湖宾馆有一道特色菜：天目湖鱼头。这道菜的上菜及服务流程有别于其他菜品，让用餐人员眼前一亮：首先，通过特别定制的档次和规格较高的器皿装盘并贴上“工商所专利封条”一并端到转盘上，接着，服务员站在桌旁微笑着介绍这道菜的口味、做法和获得的荣誉，大家听完后，服务员会请该桌主宾启动“开封仪式”，揭下封条后客人会得到酒店的小纪念品。之后是分菜环节，服务员会根据主宾、副主宾等座次按鱼头的不同部位分别上菜。在上菜时配上极具“口彩”的介绍，如鱼眼分给主宾时报菜名为“天目湖鱼头，祝您独具慧眼”等，让用餐人员感到了特色浓郁的饮食文化。

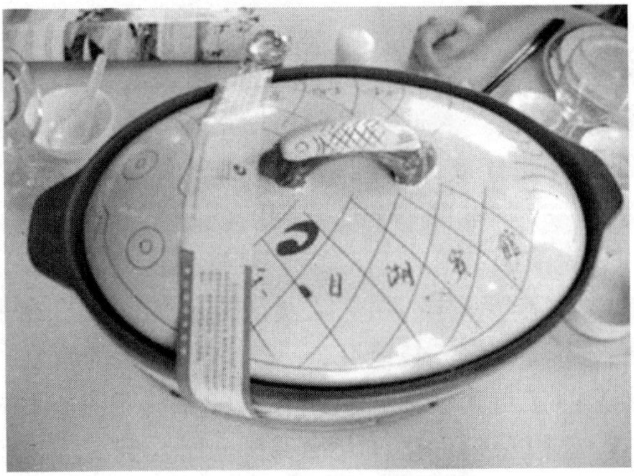

图 3-11　砂锅鱼头及封条

3. 增加互动环节

【例 3-11】

餐桌上的互动体验

一些餐饮品牌店连餐桌上的餐垫纸都不放过，把餐垫纸变身成 108 字谜，做成增加客人体验感的一个服务环节，客人边等餐边猜字谜，让等餐不再无聊！这样设计餐垫纸的好处是:（1）等餐时的互动工具。客人一坐下就开始猜谜语，满桌欢声笑语。（2）增加就餐趣味性，客人一边等餐一边猜字谜，让等餐时间变得有意义，如果客人都答对了还可以得到一个纪念品，无形之中增加了客人的忠诚度。（3）提升传播度。“这个字谜我猜不出来了，求教！”字谜餐垫纸自带传播属性，当客人猜不出来字谜时，第一个想法就是发微博、发朋友圈甚至私聊寻求外援，这些都是对餐厅的正面曝光和宣传。

图 3–12　餐桌上的餐垫纸

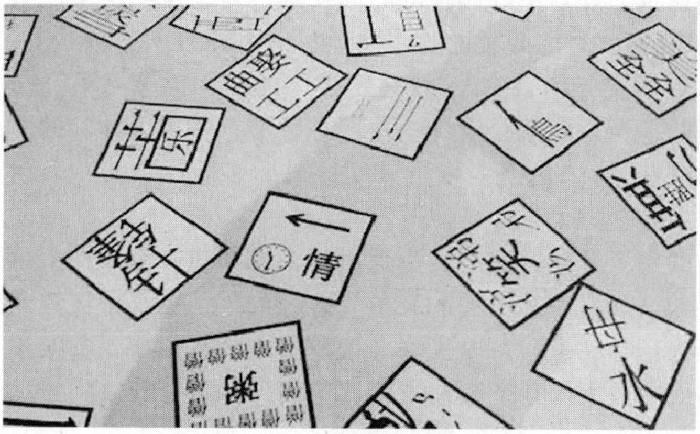

图 3–13　餐垫纸上的字谜

三、建立良好的客户关系

（一）关注与客人的第一次接触和最后一次接触

1. 给客人良好的第一印象

"推销商品前先推销自己。"员工与管理人员经常会在一线与客人接触，这时，给客人留下良好的第一印象是十分重要的。这时必须做到：发型整齐、衣着整洁、精神饱满、有亲和力。

在社交媒体时代，客人几乎实时在微信朋友圈和微博发布自己入住酒店的体验。糟糕的第一印象会立即被数百人甚至数千人所知。如果从一开始就失去了客人的心，重新争取回来就会非常困难。

一些酒店培训前台员工，让他们在办理入住手续时与客人闲谈，借此收集信息，然后利用这些信息赢得客人的赞赏。假如客人提到自己感冒了，就给客人送去免费的热茶。有些酒店还为儿童和宠物准备了"见面礼"，如在客房内为儿童提供曲奇饼干、小熊橡皮糖以及适合儿童的浴袍和拖鞋等。还有的酒店聘请了身体语言专家来培训员工，学习如何判断客人的情绪，从而找到适宜的问候的方式。如：当和一个沮丧的男性客人交谈时，要站在他的旁边。（男人们总是面对面地进行战争，如果不跟他面对面交流，他就不会那么咄咄逼人。）

2. 留下良好的最后印象

根据峰终定律，客人如果在一段服务的高峰和结尾时刻体验是愉悦的，那么他对整个体验的感受就是愉悦的。

峰终定律是诺贝尔奖获得者、心理学家丹尼尔卡尼曼总结的。他研究发现，人对一段体验的评价是由两个因素决定的，一个是过程中的最强体验，一个是结束前的最终体验，而过程中的其他体验对人们的记忆几乎没有影响。即对一项事物的体验之后，人们所能记住的就只是在峰与终两个时刻的体验，而过程中好与不好体验的比重、好与不好体验的时间长短，对记忆差不多没有影响。这里的"峰"与"终"其实就是前面所说的"关键时刻（MOT）"。

在各行各业的服务场景中，"峰终定律"的使用也屡见不鲜。由于客人是受峰终定律控制的，所以商家会设计一些服务环节，在客人体验的"高峰时刻"及"终点时刻"来提升客人的满意度。其实，最后多设计那么一个动作，成本是很低的，但是客人的感觉会非常好。

非常典型的例子就是宜家。去过那里的人都知道，宜家在出口的地方设计了一个只花一块钱就能享用冰激凌的环节，客人们很快就会把在宜家里逛得很累的过程忘记，而只记住终点时刻吃了一个便宜好吃的冰激凌。宜家正是利用峰终定律，花很小的成本极大提升了客人的满意度。

【例 3–12】

亚朵酒店的“十二个节点”

亚朵酒店将客人第一次入住到再次入住的整个过程分为十二次端口，即亚朵服务的十二个节点，它们分别是：（1）预订；（2）走进大堂的第一面；（3）到房间的第一眼；（4）让酒店提供服务咨询的第一刻；（5）吃早餐的那一刻；（6）在酒店等人或者等车，需要有个地方待一下的那一刻；（7）中午或晚上想吃夜宵的那一刻；（8）离店的那一刻；（9）离店之后，点评的那一刻；（10）第二次想起亚朵的那一刻；（11）跟朋友推广和介绍的那一刻；（12）第二次预订的那一刻。

基于这十二个节点亚朵对服务环节做了细化与优化，将“峰终定律”完美融入其中。以其峰值体验设计为例，到了亚朵，亚朵人会先为客人奉上一杯茶；三分钟办理入住；为客人“免费升舱”，提供优质舒适的枕头，有流动图书馆、阿芙精油、棉质拖鞋，喜欢即可购买……在终值体验即退房阶段，服务员会给送上一瓶矿泉水（冬天是温热的矿泉水）。亚朵给每个服务产品都起了一个好听的名字，如离店时的这瓶水叫“别友甘泉”。

（二）对客人表示热情、尊重和关注

到目前为止，客人对企业服务投诉最多的问题是什么？是服务态度问题！只有做到充分尊重客人和客人的每一项需求，并以热情的工作态度去关注客人，客人才有可能感到满意。

1. 礼貌用语

向客人问候时必须要做到“口到、眼到、心到”，并要注意灵活运用。

【例 3–13】

三声“先生，您好”引起投诉

某大饭店的服务员，早晨向一位客人问候了三声“先生，您好”，没想到却被这位客人投诉到了总经理那里。

原来，那位客人有早起散步的习惯。当日，他起来散步，出门时服务员问候了一声“先生，您好”；散步回来进门时，服务员又问候了一声“先生，您好”；上电梯时，一位服务员问候了第三声“先生，您好”。这位客人面对如此礼遇，反而把他们投诉到饭店总经理那里了。

刚一开始，总经理感到莫名其妙：为什么我们的服务这样规范还会被投诉？经过了解，原来是服务员的态度刻板，缺少情感，千人一面，让人心里不舒服。

2. 微笑服务

微笑是世界上的通用语言，就算语言不通，一个微笑就能带给彼此一种会心的感觉。微笑也是饭店从业人员最好的语言工具，在有些情况下甚至不需要一言一行，只要一个笑容就可以打动客人。

泰国的曼谷东方大饭店对员工微笑的要求是露出八颗牙齿。

新加坡航空公司的员工在练习微笑时用纸张遮住鼻子以下部分，让眼睛显露微笑。

携程网的电话预订中心墙上贴着一幅幅预订员微笑着接电话的宣传画，上面写着“听得见的微笑”。

肯德基的《顾客意见表》上写着“我们渴望您的微笑”。

日本长崎县机器人酒店的“仿人机器人”，拥有许多像人一样的特征，比如微笑、呼吸、眨眼、眼神交流、阅读肢体语言，甚至精通多国语言。

3. 聚焦客人

虽然我们可能看不透客人内心到底在想些什么，但只要不放过客人的一举一动，在其身边静静待命，就可以推测出客人想要什么。

【例 3–14】

如何知道不透明的杯子里饮料还剩多少

某饭店餐厅规定，当客人杯中的水只剩 2/3 时，就要给客人杯中倒满水。如果水杯是透明的，很容易掌握倒水的时机。但是在倒咖啡时，因为容器不透明，所以能把握住续杯的时机就是件很不简单的事。

“通过观察杯子与嘴的角度，就能掌握杯中饮料还剩多少。杯中饮料剩得越少，杯子的角度就越接近垂直。”只要掌握了这个窍门，不管离客人有多远，都不会错过给客人续杯的时机。

4. 提供个性化服务

个性化服务，意味着客人到了，要能以其姓氏称呼他（她），知道他（她）的爱好、习惯。名字的魅力非常奇妙，每个人都希望别人重视自己。重视自己的名字，就如同看重自己一样。请记住并能说出客人的名字。

【例 3–15】

给小兔子命名

沟通大师戴尔·卡耐基小的时候养了一群兔子。每天找寻青草喂食兔子，成为他固定的工作。有时候没有办法找到兔子最喜欢吃的青草，卡耐基便想了一个办法：他邀请邻近的小朋友到家里看兔子，要每位小朋友选出自己最喜欢的兔子，然后就用小朋友的名字给这些兔子命名。每位小朋友有了以自己名字命名的兔子后，每天都会迫不及待地送最好的青草给自己同名的兔子。

［**点评**］了解名字的魔力，能让你不费力就能获得别人的好感，千万不要小瞧名字的作用，在面对客人时，若能经常、流利、不断地以尊重的方式称呼他（她）的名字，可以促进与客人的关系。

【例 3–16】

“早晨好，大师兄”

著名武侠小说家金庸先生曾下榻金陵饭店，对这里无微不至的服务备感满意。一天清晨，他刚出门，遇上楼层领班小沙，她轻声称呼道：“早晨好，大师兄。”精神矍铄的金先生为之一愣，旋即开心地笑了。因为这是他最喜欢的称呼，但他不明白小沙是如何知道的。原来领班花了两个晚上的时间上网查询他的资料，得知他笔下的“大师兄”均是集高强武艺、侠肝义胆、乐于助人为一身的英雄人物。

（三）良好的表达能力

与客人沟通必须具备良好的表达能力：

1. 使用客人易懂的语言

所表达的意图必须清晰、明确、具体。沟通时，一定要了解对方的参照系，注意用对方听得懂的语言来表达，否则讲了一大堆话，对方听不懂或者发生误会，沟通就是无效的，甚至还会引起不必要的麻烦。如有些饭店服务员语言不规范，提供晚间房间整理服务（开夜床服务）时，将“开夜床服务”简化成“开床服务”，将“大堂副理”简化为“大副”，客人听得是一头雾水。

2. 尽量采用正面表达法

比如说，要感谢客人等候，常用的说法是：

“很抱歉让您久等。”

这“抱歉久等”实际上在潜意识中强化了对方“久等”这个感觉。比较正面的表达可以是：

“非常感谢您的耐心等待。”

试比较下面两种说法：

说法一：这里不可以吸烟。

说法二：如果要吸烟，请到大厅。

3. 善用“我”代替“你”

试比较下表不同的表达效果。

表 3-7　习惯用语与专业用语

习惯用语	专业表达
你的名字叫什么	请问，我可以知道您的名字吗
你错了，不是那样的	对不起，我没说清楚，但我想他工作的方式有些不同
你做得不正确	我得到了不同的结果。让我们一起来看看到底怎么回事
你没有弄明白，这次听好了	也许我说得不够清楚，请允许我再解释一遍
如果你需要我的帮助，你必须……	我愿意帮助您，但首先我需要……
我不能给你他的手机号码	您是否向他本人询问他的手机号码
当然会收到，但你必须把名字和地址给我	我会立即发送一个给您。我能知道您的名字和地址吗
那没有坏，所有系统都是那样工作的	这说明系统是正常工作的。让我们一起看看到底哪儿出了问题
注意，你必须今天做好	如果您今天能完成，我们会非常感激

4. 使用开放式语句

服务员在推荐菜品或服务时，如果这样问客人："您要不要来点饮料？"客人默认的选择是"要"还是"不要"。但是，如果这样跟客人说："您要果汁还是可乐？"客人默认的选择就可能变成"果汁"或"可乐"。

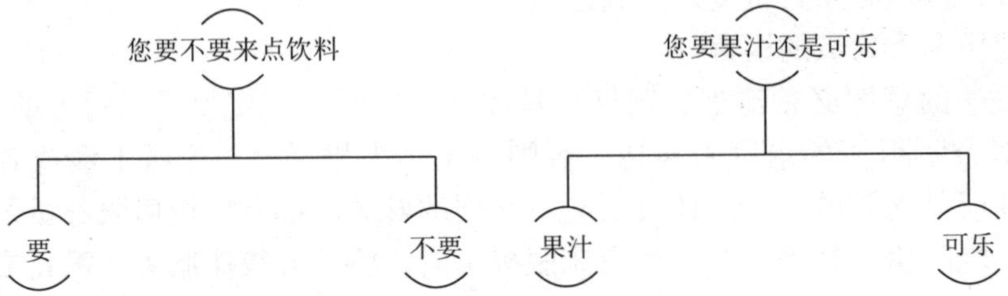

后者的表达，将"喝饮料"变成了一种默认的行为，客人就更有可能点饮料。当管理者希望员工多向客人推荐某种类型的产品或服务时，改变默认选项可以让推销变得更不易被察觉。例如某酒店希望客人能多点酒水而非饮料时，可以这样问：

A. 请问您需要来点酒水或饮料吗？

B. 请问您要来点什么酒水饮料？

C. 请问您喝白酒、啤酒、红酒还是饮料？

以上三种问句，是不是 C 项更能激起客人点酒水的欲望？

5. 注意语言技巧

当一句话同时包含利弊两方面时，将有利的话放在后半句，往往可以淡化矛盾。比如：

A. 这道菜虽然味道很不错，但是需要多等一会儿。

B. 这个菜虽然需要多等一会儿，但是味道很不错。

A、B 两句虽然只有语序上不同，但在 B 句的陈述中，客人却更有可能记住“味道不错”这条信息，点这道菜的概率也会比 A 高。

有时我们并没有意识到自己说的话有什么不妥，但客人却觉得听起来不太舒服。比如，当客人用完餐后，常有以下对话：

“您好，请问是哪位买单？”

“您好，这是您打包的菜。”

以上两句话，乍一听很平常，但可能在无形中伤害到客人的面子。因为东方人“AA 制”的买单习惯不如西方发达，多人聚餐时，其中一人请客买单的情况很常见。假设你是客人，并且不是一桌人中买单的那一个，当服务员望着你问是谁买单时，难免会有些尴尬。当你因为不想浪费而打包吃不完的菜时，服务员提着菜对你说：“这是您打包的菜。”是不是让你感到自己的形象受到了影响？

在服务过程中，当没有看清是哪位客人喊的“买单”时，正确的问法应该是：“您好，是需要买单吗？”这时，准备请客的客人自然会主动结账，同桌的其他客人也不会感到尴尬。

当客人需要打包时，最好将需要打包的菜拿到备餐台上打包，打包好后双手递给客人，并说：“您好，这是我们为您打包的菜。”仅仅是增加了几个字，给客人的感觉却完全不同。

说话是一门艺术，使用一点儿语言技巧，将会产生截然不同的结果。

（四）帮助客人解决问题

客人找到员工，接受员工的服务，其最根本的目的就是为了要员工帮助妥善地解决问题。假设我们去餐厅吃饭，如果餐厅的服务员对我们的服务态度很好，但是菜却做得不好吃，而且价格又很高，我们去了一次还会去第二次吗？

去吃饭时，菜好吃是最重要的。

【例 3–17】

常住客的早餐

某酒店，一位常住客人喜欢熬夜，不吃早餐，可每次住店，不到上午十点，客人就到中餐厅嚷嚷着要吃午餐，此时，中餐厅早餐已经结束，中餐还没有开始，双方都很尴尬。中餐厅管理人员掌握了这一情况，只要这位客人入住酒店，中餐厅服务员就会在早餐收餐前帮他准备好一份早餐，放入保温箱，等他就餐。

［**点评**］饭店如同一个小社会、大家庭，客人的性格脾气、爱好习惯各有不

同。尽管客人的要求不一定合乎常规，但只要是合理的，就要想尽一切办法为客人提供满意的服务。

【例 3–18】

客人要新毛巾

一位客人入住某市一家宾馆。行李员刚刚帮客人把行李送进客房，客房服务员小汤就把欢迎茶送进了客房，并将茶杯轻轻放在茶几上。小汤主动询问客人："先生，有什么需要我做的吗？"客人说："小姐，请给我一条毛巾。""好的。"小汤满口答应，马上出去，一会儿便取来一条干净的毛巾，并用毛巾夹夹住递给客人说："先生，请用！"没想到客人很不高兴，责备道："我不要旧的，我要没有用过的新毛巾！"小汤心里一愣，却不动声色，即对客人表示："对不起，我给您拿错了。"说完便出去换了一条新毛巾来，客人这才满意。

[**思考**] 从这个案例中，我们可以得到什么启示？

（五）迅速满足客人的需求

对客服务的另一个要求就是能迅速满足客人的需求，当客人对我们说明了其需求后，我们应在第一时间做出迅速反应。

【例 3–19】

对不起，请您向客房中心查询

住在某宾馆 401 房间的王先生早上起来想洗个热水澡放松一下。但洗至一半时，水突然变凉了。王先生非常懊恼，匆匆洗完澡后给总台打电话抱怨。接到电话的接待员正忙着为前来退房的客人结账，一听客人说没有热水，一边工作一边回答："对不起，请您向客房中心查询，电话号码是 58。"本来一肚子气的王先生一听就来了气，嚷道："你们饭店怎么搞的，我洗不成澡向你们反映，你竟然让我再打其他电话！"说完，"啪"的一声就把电话挂上了。

【例 3–20】

免费的番茄汤

王女士等三人有一次用餐时点了番茄锅底的火锅，在用餐过程中让服务员盛了好几次番茄汤，结账时，这位员工拿着账单和一袋海底捞番茄锅底料，笑着对客人说："看您很喜欢喝我们的番茄汤，这份底料免费送给您，欢迎下次再来。"早就听闻海底捞对员工有不小的授权，但这位同时服务好几桌的服务员能记住王女士的几次需求并带来这样的惊喜却在客人的意料之外。餐厅的服务能有持续的浅层表演已经很不错了，但在海底捞，和客人完全陌生的服务员能因为一顿饭而站在客人的角度思考和体会，他们的用心，自然也就能抓住客人的忠心。

（六）始终以客人为中心

在为客人提供服务的过程中，是否始终以客人为中心，是否始终关注他们的心情、需求，这也是非常重要的。

【例 3–21】

如此对待老客户

一位先生进入餐厅："我总来你们这里吃饭，可是你们的老客户了！"

服务员："那我怎么没有见过您呢？"

"那你肯定是新来的，他们都见过我。"

"不可能呀，我都来了一年了，从来没见过您。"

［**点评**］如果你是这位先生，是否会觉得很没面子。

【例 3–22】

往返都能看见富士山

日本东京一家贸易公司有一位小姐专门负责为客商购买车票。她常给德国一家大公司的商务经理购买来往于东京、大阪之间的火车票。不久，这位德国的经理发现一件趣事：每次去大阪时，座位总在右窗边，返回东京时，座位总在左窗边。经理询问小姐其中的缘由。小姐笑答：车去大阪时，富士山在您右边，返回东京时，富士山在您的左边。我想，外国人都喜欢富士山的壮丽景色，所以就替您买了不同的车票。"就是这种不起眼的细心事，使德国经理十分感动，促使他把对这家日本公司的贸易额由 400 万马克提高到了 1200 万马克。他认为，在这样一件微不足道的小事上，这家公司的职员都能想得如此周到，那么，和他们做生意还有什么不放心的呢？"

四、客人期望值管理

客人关系管理中有个著名的三角定律：客人满意度 = 客人体验 – 客人期望值。

满意：客人体验＝期望值

很满意：客人体验＞期望值

不满意：客人体验＜期望值

客人期望值与客人满意度成相对反比关系，我们需要引导客人的期望值并将其维持在一个适当的水平上。客人期望值管理的关键在于从客人需求出发，深入了解各类客人的特点、消费心理和行为以及核心诉求点，在此基础上合理定位不同客人的需求与合理期望值。

（一）设定适当的客人期望值

1. 客观评价自己的产品与服务

企业需要客观评价自己的产品与服务。为了扩大销售，营造良好的企业形象，一些企业喜欢夸大自己的产品、服务的实力，借此提高自己的身价。尤其是在销售推介中，更会夸大产品的能效，人为地制造客人的高期望值。当成交后，客人如果发现没有购买到自己期望的产品或服务时，满意度会大幅度下降。

例如酒店客房实际房型不如预期，无窗房型但是客人未能事先知晓，房型图片过度美化，网上显示的房型包含显示不存在的设施等等。这些问题都会导致客人到店后产生心理落差，认为饭店存在欺诈行为，进而引发投诉等问题。

【例 3-23】

打开窗什么都看不到

张先生一家来到某客栈，办理完入住手续后不久张先生一脸不爽地来到大厅，质问前台："你们的客房怎么回事，不是说可以看到全镇最好的风景吗？打开窗什么都看不到！"

前台员工来到张先生所住的房间，窗户外面一棵老树挡住了半扇窗，不仅看不到风景，整个房间也昏暗无光。反过来看该客栈上传到 OTA 上的介绍：客房位置极佳，可一览小镇最好的风景……

这个例子告诉饭店管理者：要确保饭店在 OTA 平台的描述、图片和其他信息以及其他各渠道的宣传资料都是饭店的情况的真实反映。注意避免在宣传资料中使用绝对夸张的描述，如"最佳价值""超奢华"或"无与伦比的服务"等，除非企业确信能够每次都能为客人做到这些。

（二）控制客人的期望值

1. 影响客人期望值的因素

影响客人期望值的因素包括：企业的广告宣传、口碑、客人价值观、客人背景、竞争环境、媒体信息、客人年龄、之前对该企业的体验、之前对其他企业产品的体验。每一种因素的变化都会导致客人期望值的变化。这种信息源的多样性，导致了客人期望值的不确定性。

2. 适当调整客人的期望值

优秀的企业及员工通常通过日常交流等方式适当地为客人调整期望值，达到双方认可的水平，从而达成"双赢"。

在控制客人期望值时，要征得客人的谅解与支持，将彼此的关系调整到双方都能够接受的程度。当客人由于期望值偏差提出过高的要求时，员工需要主动为客人进行分析，例如：产品本身已经具备的功能、附加功能会增加额外成本、影响其他功能等。如果客人决意购买某种产品或服务，销售人员一定要进行有效沟通，坦诚告知客人哪些期望能够得到满足，哪些期望不能得到满足。

【例 3–24】

接待儿童游客

某旅行社导游员小王带某团去某地旅游，下了火车与地陪接洽后，才发现 18 人的团坐 18 个座的车，怎么也坐不下。原因是团里有两个孩子没有交费，身高却都超过了 1.3 米，可是孩子家长以没法抱孩子为由，拒绝孩子让座，而交费的另两名游客只能在车外站着。这是因为组团社的工作人员没有和客人讲清楚，小王也没有提前和地陪说清楚，才出现了这种情况。

[点评]

第一，全陪小王没有提前和地陪沟通清楚，虽然是 18 位客人的团队，但其实还有两个费用自理的孩子没有计算在内。

第二，地陪在进行准备工作时，没有进一步了解团队成员的具体情况，结果造成游客的座位不够，出现了很大的麻烦。

第三，导游员在带团时，应该详细了解旅游团队成员的基本信息，尤其是是否有老人和儿童。同时，一定要注意儿童的接待价格标准。

（三）坦诚告诉客人

企业应该针对所认知的客人需求和自己所能够提供的产品和服务状况，对客人客观地描述自己的产品和服务，使他们能够清晰地了解到自己所能得到的价值。需要坦诚地告知客人哪些期望能够得到满足，哪些期望不能得到满足。

【例 3–25】

客人要求买退烧药

某酒店，一天晚上，一位客人找到了前台，说孩子忽然发烧了，急着让酒店的人去帮忙买内服退烧药。按酒店规定是不能给客人提供内服药的，前台只好礼貌回绝了客人并说明了酒店的规定。

客人当即大怒，发火道：你们酒店怎么这样？我孩子发高烧都不帮我买药，我要投诉！前台赶紧先安抚了客人的情绪，并联系了合作的司机师傅，将客人送到医院看过医生后再将其送回酒店。最终，客人从医院回来了，前台送上温热的牛奶，关切地慰问情况。买到药的客人情绪明显平静了许多，简单说了几句便回房间了。随即，前台将情况反映给经理，第二天所有员工见到客人都表示慰问，客人最终道了谢。

[点评] 对客人提出的合理要求，如果条件允许，应尽量满足。若无法满足

客人的特殊要求，应该第一时间安抚客人的情绪，不要逃避和推诿问题，应尽量寻找替代方案，帮助客人解决。

有效的沟通可以让客人更多地了解企业，也可以更好地让企业来了解客人，了解客人对产品与服务的要求和期望；通过沟通，企业能够向客人明确相关职责和服务范围，让客人知道并不是他们所有的需要都要企业来满足。

（四）超越客人的期望

超越客人期望，就是企业提供的服务（产品）超越了客人的期望值，获得了客人的认可。当我们提供的服务（产品）达到了客人期望只是满意，只有超越了客人期望才有满意加惊喜。

【例 3-26】

“熊宝宝”的睡床

熊先生与熊太太带了女儿小熊入住某品牌酒店，一家三口外出用晚餐时，将一个玩偶熊放在了客房内。等他们晚上回到房间，小熊一个惊喜跳了起来：我的熊宝宝也有床啦。原来是客房服务员在开夜床时，看到玩偶熊后想到这一定是小朋友的心爱之物，于是灵机一动，用枕套给玩偶熊做了一个“睡床”。一些酒店集团有这样的特别服务，当有小客人带着他们的泰迪熊或其他布玩具入住饭店时，客房部服务员会留心并将它们当小客人一样对待，铺一张属于它们的迷你床。迷你小床是以环保床单特别手工缝制的，和真人睡的床同样舒适。夜幕降临时，家庭中的每个成员连玩具们都拥有属于各自休憩的一片天地。

[**点评**] 满足了孩子的愿望就注定了一个孩子、一个家庭，甚至与之相关的多个家庭都将成为忠实的客人。给予小客人更多的关爱，超越客人的期望，给客人带来满意加惊喜的服务。

【小资料】

手机聊天软件改善饭店与客人的关系

在手机尤其是智能手机高度普及的当代，即时通信已经成为大众在日常生活中的主要沟通方式，并开始用于客人和饭店的沟通当中。

2017 年第四季度，四季饭店集团上线了最新的移动端聊天，客人只需要在手机上打字，就可以像和亲朋好友聊天一般，以短消息的形式跟饭店工作人员保持实时沟通。

目前，用四季饭店官方 APP、Facebook Messenger 聊天应用、微信和短信中的任何一种方式，客人就可以咨询饭店信息、告知入住需求喜好、管理餐饮娱乐预订、呼叫客房服务、进行离店后的沟通联络等，如果客人外语不好，官方 APP

还能针对包含中文在内的100多种语言进行实时互译，消除了沟通中的障碍。

四季饭店集团通过聊天平台，让客人的手机成为入住前、入住中、入住后有求必应的助手管家。通过聊天软件，客人在前往饭店需要开车导航时可以准确定位，躺在泳池边要喝鸡尾酒时也不必起身去吧台下单，需要送几条毛巾、几瓶水到客房，一条信息就能说得明白，寻找店外的当地特色体验也可以让礼宾人员发送图文供自己参考筛选……很重要的一点在于，聊天软件减轻了面对面交流时语言不通的压力，让客人能像发号施令一般把自己的需求传达出去，而饭店只要照做即可。

目前，不少饭店在自家开发的手机APP中加入了聊天功能，让其和客房预订、房间选择、手机开房、在线支付等功能捆绑一起，成为在会员计划基础上建立的手机端客服的一部分。而在一次次的入住过程中，饭店可以综合每个客人的入住历史、会员级别、入住需求、习惯偏好等信息，更好地为客人提供定制化的服务。而当客人越来越爱用手机APP时，也就慢慢培养了客户的忠诚度，这最终是可以转化为销售业绩的。

五、客人投诉的处理

客人投诉，是指客人对商家产品质量或服务不满意，而提出的书面或口头上的异议、抗议、索赔，以及要求解决问题等行为，是客人要求得到相应补偿的一种手段。无论是什么样的商家，都会收到客人的投诉。服务业一线员工及管理人员掌握一定的投诉处理技巧是十分必要的。

（一）处理客人投诉的原则

投诉的客人是好客人。如果客人没有错，那么客人当然是对的；如果客人错了，请把对让给客人，因为客人对我们是最重要的。

【例3–27】

“客人永远是正确的”

一天，麦克勒饭店总台走来一位客人。他气冲冲地质问总台服务员：“那位服务员跟我争吵。我要你决定谁是谁非？”总台服务员问他：“你要我决定什么？”客人说：“决定我们之间的争吵。你别管吵什么。你只告诉我谁是谁非？”总台服务员问：“不听一听他是怎么说就要我决定吗？”客人说：“他怎么说、我怎么说你都不用管。”总台服务员心想这人一定是酒喝多了。他耸耸肩说：“好吧。因为我对他的了解要比对你的了解多得多，要我说的话，是他对。”客人一听，掉转头回到房间，取了行李便退房离开了饭店。

当时在场的有一位名叫E·M. 斯塔特勒的人。他9岁进一家玻璃厂干活，13岁进这家饭店当服务员，当时是饭店服务员领班，年纪还不到16岁。在看到这一切之后，他在永远随身携带的一本笔记上写下了几个字。在场的还有一位是饭店经理麦克勒，他走到斯塔特勒身边，问道："你刚才在笔记本上写的什么？"斯塔特勒把笔记本递给他看。上面写着："客人永远是正确的。"

麦克勒看后说："年轻人，你没有听一听那位服务员的意见就说他错，对他是不是太狠了一点儿？"

斯塔特勒回答说："不，先生。我的理论是他不应该跟客人争吵，不管发生了什么。"

"嗯，这倒是一个很好的理论，但是……"

"我们失去了一位顾客，不是吗？"

麦克勒没有作答，他沉思着走开了。一个月后，斯塔特勒被提拔为总台夜班值日（相当于夜班经理）。

斯塔特勒日后成为美国也是世界饭店业的开山祖师之一。

（二）处理客人投诉的方法

1. 学会倾听

客人来投诉往往是不理性的甚至是愤怒的，他们拒绝任何理性的合乎逻辑的建议。面对这样的顾客，有经验的管理者都会微笑面对，先聆听，然后再进行解释、安抚工作。正在气头上的客人，只有等其发泄完了，才有可能听得进去你说的话，如果你所说的和其意见相左，那只会火上浇油，令事态进一步恶化。美国有一家汽车修理厂，他们有一条服务宗旨很有意思，叫作"先修理人，后修理车"。汽修厂的老板说：一个人的车坏了，他的心情会非常不好，我们应该学会倾听，先关注这个人的心情，然后再关注汽车。"先修理人，后修理车"讲的就是这个道理。

下面教你几招，让你在失控的客人面前学会如何把握自己的情绪。请自我对话：

（1）我是问题的解决者，我要控制局面。

（2）客人的抱怨不针对我，而是针对公司的产品或服务。

（3）保持冷静，做深呼吸。

（4）客人不满意，不是我不满意，我不能受他的影响。

（5）我需要冷静地听客人诉说，尽管他的措辞很激烈。

（6）我需要知道事情的经过和真相，所以我不能激动。

（7）我要用良好的情绪影响他，缓和他的紧张心情，使他放松。

记住，处理客人投诉的目的是解决问题。

与客人沟通的起点是听而不是说。

与客人沟通的基础是听懂对方意图。

先倾听，接受事实→了解对方情绪→清楚对方期待的行动。

后行动，承认事实→安抚对方情绪→按照对方的期待行动。

2. 充分道歉

充分的道歉，表示管理者已经对客人反映的情况有所了解，并对因为饭店产品的缺陷、工作不到位而给客人带来的不便感到内疚。道歉，可以使客人感受到饭店的诚意。即使过错不在饭店，但本着顾客至上的原则，我们也应该向客人道歉，因为客人永远是对的。

充分道歉时可以说：

“对您的遭遇，我非常抱歉（我很遗憾听到这样的事情发生）。”

“请告诉我事情的经过，让我来帮助您。”

记住：千万不要与客人争论谁对谁错，避免说下列火上浇油的话：

“你可能不明白。”

“你肯定弄错了。”

“这不可能的。”

“你别激动。”

“平静一点。”

表 3–8　引发和平息问题的话

可能引发问题的话	平息问题的话
政策	这是我们能做的
不可以	可以
我不知道	我可以查询
不	是
但是	并且
你本应该	我理解您
我们只能做到	这是我们能做的
这不是我的过错	我非常抱歉（承担责任）

【例 3–28】

巧用幽默化解正面冲突

幽默是一种高级的智力活动，它能化解对方心中的怒火，让尴尬的气氛恢复融洽。在遇到某些情况时，可以巧用幽默化解正面的冲突。

有一次，一位客人在一家有名的饭店点了一只油氽龙虾。当菜上来以后，客人发现盘中的龙虾少了一只虾螯，很不高兴。

餐厅主管抱歉地说："对不起，您是知道的，龙虾是一种残忍的动物。这只龙虾一定是在和它的同类打架时被咬掉了一只螯。"客人巧妙地回答："那么请调换一下，把那只打胜的给我。"

[**点评**] 餐厅主管和客人双方都用幽默的表达方式，委婉地指出双方存在的分歧，从而避免了冲突的发生。

3. 找出问题所在

仅是道歉、表示诚意是不够的，客人希望看到的是我们解决问题的实际行动。管理者可以通过交谈、提问、复述等方式，了解相关的信息。

关于服务方面的提问："出了什么问题了？"

关于客人的期望："原本应该是怎样的？"

复述："让我确认一下，这件事是这样的吗……"

情景：客人在餐厅用餐，等菜等了很长时间

客人：一拍桌子，服务员怎么回事，怎么菜点了这么半天还没上，再不上就给我退了。

服务员：倾听，找出问题所在

（1）事实：客人点的菜，我们没有上。

（2）情绪：因为等半天了，所以很焦躁。

（3）对方期待我的行动：赶紧把菜给上了。

服务员回复客人的思路：先承认事实，再安抚情绪，然后按照客人希望的行动开展行动。

（1）今天我们厨房真的太不像话了，您这个菜还没上，真对不起。（承认事实）

（2）（送上饮料）这瓶饮料是我们送您的，您先喝着。（安抚情绪）

（3）您放心，我现在就去厨房门口堵着，一定把菜给您催出来。（期待的行动）

4. 解决问题

给出一个解决问题的办法。

在明确客人投诉的原因之后，责任在饭店的，按照饭店的有关规定，与客人共同商讨解决问题的方式。

如果客人对提出的解决方案不满意，我们可以询问客人意见，看看客人到底需要怎样补偿才能够平息心中的不满，然后尽最大的可能来满足客人的需求。当然，如果客人提出的要求超出饭店的规定或是管理者自身的权限范围，那么应该先请示上级。

【例 3–29】

您能帮我核对一下吗?

某日，一位饭店长包房客人到前厅收银处支付这段时间里用餐的费用。当他看到账单上的消费总金额时，马上火冒三丈:“你们真是乱收费，我不可能有这么高的消费!”收银领班面带微笑地回答说:“这样吧，您能帮我一起核对原始单据吗?”客人当然不表示异议，于是和领班一起就账单上的项目一一核对起来。其间，领班顺便对几笔大金额的消费如招待访客、饮用名酒……做了口头提醒，以唤起客人的回忆。等账目全部核对完毕，领班很有礼貌地说:“谢谢您帮助我核对了账单，耽误了您的时间，劳驾了!”此时，客人知道自己错了，连声说:“麻烦你了，真不好意思!”

[**点评**] 前厅收银员是个非常“敏感”的岗位，最容易引起客人发火。在通常情况下，长住客人在饭店内用餐后都喜欢用“签单”的方式来结账，简单易行。但是，由于客人在用餐时容易忽视所点菜肴和酒类的价格，所以等事后到前厅付款看到账单上汇总的金额时，往往会大吃一惊，觉得自己并没有花费那么多，于是就会责怪餐厅所报的账目（包括价格）有差错，结果便会把火气发泄到收银员身上。

本例中的领班用美好的语言使客人熄了火，一开始她就揣摩客人的心理，避免用生硬的语言，像“签单上面肯定有你的签字”“账单肯定不会错……”之类的话，使客人不至于因下不来台而恼羞成怒。本来饭店有规定，账单应由有异议的客人自己进行检查，而那位领班在处理矛盾时，先向客人道歉，然后邀请客人与自己一起核对账目，让客人通过核对去回忆每笔账的消费经过，这样做非常有说服力。果然，客人心服口服。尊重是语言礼貌的核心。说话时要尊重客人，即使客人发了火，也不要忘记尊重客人即尊重自己这一道理。

5. 跟踪服务

问题解决后，管理者可以通过电话拜访、邮寄信函等方式，确认客人是否满意。并通过跟踪服务，挖掘客人的更多、更深层次的需求。

【例 3–30】

热水引发的投诉

“这间房我不要了!”当值管家循声看去，是刚刚入住客栈二楼 209 房间的陈先生。

刚才还一脸和气，怎么才进房间这么一会儿就气冲冲地出来要退房呢?

管家赶忙迎上前去，将客人安顿在阅读区入座，冲上一杯热热的红茶开始询问情况。

原来，一身疲惫的陈先生进房间后，准备洗澡休息，可是放了10分钟水都没有热水，便在微信中询问情况，前台员工给陈先生的解释是，他所住的楼层水管破裂正在抢修，但无法承诺客人具体提供热水的时间，这样的答复引发了陈先生的极大不满，于是就出现了开篇退房的那一幕。

管家听完陈先生的抱怨后急忙向客人致歉，安抚客人后，马上联系了维修人员，了解到一楼房间热水正常，于是询问客人，可否换到同等级的106房间，并向客人承诺，其退房时间可延迟到次日下午4时，保证客人有充足的休息时间。

第二天上午，管家特地拜访了客人，客人对客栈的处理表示满意，不再追究。

某饭店处理客人投诉的“七个一点”：

◆耐心多一点

耐心倾听客人的抱怨，不要轻易打断客人的抱怨和牢骚，更不要批评客人的不足，要鼓励客人倾诉下去。客人的怨气如同气球里的空气，当他们把牢骚发完了，就没有怨气了。

◆态度好一点

只要客人投诉，就表明客人对饭店的产品或服务不满意，他们觉得饭店亏待了他，如果处理时态度不友好，一定会加重他们的不满意，造成关系的进一步恶化。俗话说，“怒者不打笑脸人”，若处理客人投诉时态度诚恳、礼貌热情，一定会缓解客人的抵触情绪。

◆动作快一点

处理投诉和抱怨的动作要快，这有四方面的好处：一是让客人感觉受到尊重，二是表明饭店有解决问题的诚意，三是可以防止客人的负面宣传对饭店造成更坏的影响，四是可以把损失降低到最小。建议当天给客人一个初步的答复。

◆语言得体一点

客人对饭店不满，在发泄时可能会言语过激，如果和客人针锋相对，势必恶化彼此关系。在解释问题的过程中，要十分注意措辞，要合情合理、得体大方，即使客人不对，也不要直接指出，尽量用婉转的语言和客人沟通。

◆补偿多一点

客人抱怨或投诉，很大程度是因为他们的利益受到了损失，因此，客人希望获得安慰和经济补偿。这种补偿可以是物质上的，如更换配品、换房、赠送水果等；也可以是精神上的，如道歉等。让客人心满意足是补偿的原则。

◆层次高一点

客人提出投诉后都希望自己的问题受到重视，处理该问题的人员的层次将直接或间接影响客人的期待值。如果高层次的管理者能亲自为客人处理或打慰问电话，会化解客人的怨气和不满。

◆办法多一点

除了给客人慰问、道歉和经济补偿外，可以邀请客人参观饭店，给饭店工作提意见等。

【例 3–31】

眼镜型的小蛋糕

某酒店，一位客房服务员由于疏忽，清扫客房时将客人放进玻璃杯里的眼镜液和隐形眼镜倒掉了，客人回来后大发雷霆。服务员承认了错误，并马上给客人配了一副，客人表示满意。事情到此可以说是圆满解决了，可是酒店并没有就此满足。晚上开夜床时，酒店为客人做了一个眼镜型的小蛋糕，客人看后开怀大笑，之后便成为酒店忠诚的回头客。

[**点评**] 由于客房服务员的疏忽，给客人造成了不必要的麻烦。此时，靠一两句道歉的话是难以平息客人的怒气的，酒店于是作出快速反应，准确采取补救措施，不仅弥补了客人的损失，而且抓住时机创造惊喜，因而争取到一个忠诚的客人。

（三）在线差评处理

移动互联时代，在线口碑的宣传和引导作用日益凸显，各企业越来越重视在线口碑，通过在线评价发现不足，并及时改进服务质量。

对饭店而言，网络口碑对日常运营至关重要，越来越多的旅游者在选择下榻的饭店时，往往会在网上查找其他客人关于该饭店的评论。所以饭店一定要及时回应客人的在线评论尤其是差评。

1. 感谢客人留下评论

对客人表示感谢，这是与客人友好沟通的专业表现。

2. 虚心接受客户的差评

客人可能在网上给了饭店一个很低的评分，甚至还在差评中仔细描述了自己在饭店的体验是如何如何不爽，遇到这种情况，首先要感谢客人，客人的关注和评论是改进工作的动力和源泉。

3. 向客人道歉

面对客户的投诉，出于对饭店形象的维护而进行适当的辩解是很自然的反应，但是，一定要记住，比辩解更重要的是，要照顾到客户的情绪。一声道歉，可以有效缓解客人的不满情绪，让客人觉得他们的投诉得到了回应，自己受到了重视。

4. 告诉客人解决方案

根据投诉的具体情况事先想好应对办法。例如，客户投诉前台服务态度差，可以告诉客人，饭店会对前台员工进行培训，保证服务质量。无论是什么情况的投诉，请告诉客人饭店的解决方案。

5. 邀请客户下次光临

因为客人的某一次不满而永久失去这个客户，这绝对是件亏本的事情。所以，回复客人投诉时需感谢客人的评论，并诚恳地邀请客人继续光临。

【例 3–32】

价格问题的回复

@果冻：整体不错，价格涨得很快，没有性价比优势了

【酒店回复】亲爱的朋友：您好！非常感谢您的好评！酒店价格上涨是顺应行业市场的动态趋势，望您体谅！价格上涨的同时我们也致力于为您提供更好的服务，并营造最舒适的入住环境，给您带来超值的入住体验！真诚期待您的再次光临！祝您平安！

【例 3–33】

早餐问题回复

@听雨：多次入住这个酒店，早餐有改善但还有提高空间，比如没有水果、煎蛋要排长队。早上吃饭的人真是多！

【酒店回复】亲爱的客人：感谢您在游玩期间选择入住我们酒店，希望您度过一段美好愉快的旅程。由于早上用餐的客人较多，未能及时给您提供周到的服务，我们非常抱歉。我们会将您的意见反馈给相关部门并及时作出调整，让更多的客人能愉快地享用早餐。再次感谢您的入住，祝您开心每一天。

【例 3–34】

交通问题回复

@望嘉：交通太不方便了。除了自驾，根本没有合理的交通手段。酒店也无法提供任何支援。有点失望……

【酒店回复】尊敬的宾客，感谢您入住。酒店的位置稍为偏远，但是能给您一个宁静的度假环境。这里青山绿水，蓝天白云，鸟语花香，很多客人慕名前来度假。政府部门将会完善进入酒店的道路，将有更加方便的高速路直接抵达酒店附近。酒店新推出了免费穿梭巴士，如果不是自驾的客人，可以提前预订穿梭巴

士，在市区免费乘坐酒店班车。感谢您提出的意见，您的意见也是酒店日后改进的地方，希望您下次继续莅临。

典型案例

泰国的东方饭店具有悠久的历史，现在是公认的世界一流的城市度假饭店。东方饭店几乎天天客满，不提前一个月预订是很难有入住机会的，而且客人大多来自西方发达国家。东方饭店能够经营出这样优秀的业绩，靠的是什么？他们靠的是真功夫，是非同寻常的客户服务，也就是现在经常提到的客户关系管理。

他们的客户服务到底好到什么程度呢？我们不妨通过一个实例来感受一下。

于先生因公务经常出差泰国，并下榻在东方饭店，第一次入住时，良好的饭店环境和服务就给他留下了深刻的印象。当他第二次入住时几个细节更使他对饭店的好感迅速升级。

那天早上，在他走出房门准备去餐厅时，楼层服务生恭敬地问道："于先生是要用早餐吧？"于先生很奇怪，反问："你怎么知道我姓于？"服务生说："我们饭店规定要背熟所有客人的姓名。"这令于先生大吃一惊，因为他频繁往返于世界各地，入住过无数高级饭店，但这种情况还是第一次碰到。

于先生高兴地乘电梯下到餐厅所在的楼层，刚刚走出电梯门，餐厅服务生就说："于先生，里面请。"于先生更加疑惑，因为服务生并没有看到他的房卡，就问："你知道我姓于？"服务生答："上面的电话刚刚下来，说您已经下楼了。"如此高的效率让于先生再次大吃一惊。

于先生刚走进餐厅，服务小姐微笑着问："于先生还要老位子吗？"于先生的惊讶再次升级，心想："尽管我不是第一次在这里吃饭，但最近的一次也有一年多了，难道这里的服务小姐的记忆力这么好？"看到于先生惊讶的目光，服务小姐主动解释说："我刚刚查过电脑记录资料，您在去年的8月8日在靠近第二个窗口的位子上用过早餐。"于先生听后兴奋地说："老位子！老位子！"小姐接着问："老菜单，一个三明治，一杯咖啡，一只鸡蛋？"现在于先生已经不再惊讶了，"老菜单，就要老菜单！"

上餐时餐厅赠送了于先生一碟小菜，由于这种小菜于先生是第一次看到，就问道："这是什么？"服务生后退两步说："这是我们特有的小菜。"服务生为什么要先后退两步呢？他是怕自己说话时口水不小心落在客人的食品上，这种细致的服务不要说在一般的饭店，就是在美国最好的饭店于先生都没有见过。这一次早餐给于先生留下了终生难忘的印象。

后来，由于业务调整的原因，于先生有3年时间没有到泰国去。在于先生生日的时候，突然收到一封东方饭店发来的生日贺卡，里面还附了一封短信，内容是：亲爱的于先生，您已经有3年没有来过我们这里了，我们全体人员都非常想念您，希望能再次见到您。今天是您的生日，祝您生日愉快。于先生当时激动得热泪盈眶，发誓如果再去泰国，绝对不会到其他饭店，一定要住在东方饭店，而且要说服所有的朋友也像他一样选择东方饭店，于先生看了一下信封，上面贴着一枚6元的邮票。

【案例评析】

6元钱，就这样买到了一颗心。这就是客户关系管理的魔力！

东方饭店非常重视培养忠实的客户，并且建立了一套完善的客户关系管理体系，使客户入住后可以得到无微不至的人性化服务。迄今为止，世界各国的20多万人曾经入住过那里。用他们的话说，只要每年有1/10的老顾客光顾，饭店就会永远客满。这就是东方饭店的成功秘诀。

问答题

1. 什么是客户关系？说说客户关系的重要性？

2. 分组收集不同酒店的网评（好评、差评各50条），并进行归类分析。

3. 拜访几位客人，听听他们对饭店服务的意见。

4. 什么是“关键时刻（MOT）”？请分析设计前厅部、餐饮部、客房部的5个关键时刻服务点。

5. 自我检查，在处理客人投诉时：

（1）为了更好地平息客人的抱怨，我还可以说些什么？

（2）我说的哪些话今后应该加以避免？

6. 你是如何理解“客人永远是对的”这句话的？

7. 联系实际工作，谈谈如何建立良好的客户关系。

8. 如何给客人留下良好的第一印象？

情景题

一个客人气愤地走到你面前，投诉他点的菜到现在还未上桌，要求退餐。你该如何处理？

小组讨论

分组讨论下面4个案例。

案例（一）

盛夏7月，骄阳似火，一家韩国公司的中方代理入住三星级珍珠大酒店，进客房后他觉得室温偏高，便打开空调想降降温，可是怎么拨弄空调都不管用。于是，客人拨通了酒店工程维修中心的电话进行报修。

不一会儿，维修工小乔满身大汗地赶来，在服务员的引领下进入客人房间。

只见小乔拨动了几下空调开关，冷气马上便吹出来了。小乔想，这也许是临时性的偶发故障，说不定是客人操作不当造成的，于是便随口告诉客人说："先生，空调没有坏。您看，这不？""什么？没有坏？那我为什么还要打电话报修？难道我没事找事？"客人听了小乔的话很不高兴，带着不满责问小乔。

问题： 1. 案例中小乔的做法有何不当，他为何会招来客人的不满？

2. 小乔应当如何解释才能令客人满意，为什么？

案例（二）

某中餐连锁店新开张，它以美味的食物、舒适的环境、良好的服务而生意兴隆。王先生禁不住美味诱惑前去品尝。果真如此，刚上台阶便闻到白斩鸡扑鼻的香味了。很快，服务员就按照王先生的要求拿来一袋已切好的白斩鸡以及一小袋姜末和一小袋酱油，王先生对服务员说道："我特别喜欢吃姜末，能否再给我一袋。""对不起，这是我们店里的规定，一位顾客只能有一袋姜末和一袋酱油。"服务员很有礼貌地答道。王先生只能就此罢休。

问题： 服务员的做法有什么问题？如何改进？

案例（三）

一天，某餐厅里来了三位衣着讲究的客人，服务员将其引至餐厅坐定，其中一位客人开了口："我要点 ×× 菜，你们一定要将味调得浓些，样子摆得漂亮一些。"随后转身对同伴说："这道菜很好吃，今天你们一定要尝尝。"菜点完后，服务员拿菜单去了厨房。再次上来时，便礼貌地对客人说："先生，对不起，今天没有这道菜，给您换一道菜可以吗？"客人一听勃然大怒："你为什么不事先告诉我？让我们无故等了这么久，早说就去另一家餐厅了。"发了脾气，客人仍觉得在朋友面前丢了面子，于是，拂袖而去。

问题： 服务员在沟通中存在什么问题？请提出正确的做法。

案例（四）

周春明开一辆车龄三年半的福特汽车，内装有些陈旧，比不上配备 GPS、液晶电视的同行的车。个人计程车一般每天开至少 12 个小时，一个月平均做 6 万元生意。但是，没有华丽的装备、每天工作 8~10 小时的周春明，上一年平均每月做了超过 12 万元的生意，全年约赚进 85 万元。他的秘诀是什么呢？

周春明将自己定位为"一群人的私家司机"，以形成差异化服务。

有一位客户告诉周春明："新手在乎价格、老手在乎价值，只有高手懂得用文化创造长久的竞争力。"逐渐地，周春明总结出出租车行业的客户关系管理法。

那就是，了解客人喜好，从早餐到谈天话题都客制化。

周春明说，每个客人上车前，他要先了解客人是谁，他关心的是什么？如果约好五点搭载讲师到桃园机场，他前一天就会跟企管顾问公司的业务人员打听客人的专长、个性，甚至连客人早餐吃什么、有什么喜好等都要问清楚。隔天早上，他会穿着西装，提早10分钟在楼下等客人，像随身护卫一样，扶着车顶，协助客人上车。这时，后座的保温袋里已放着自掏腰包买来的早餐。

他连开口跟客人讲话的方式都很讲究。如果是生客，他不随便搭讪，等客人用完餐后，才会问对方要小睡一下、听音乐还是聊天。如果对方选择聊天，周春明就会按照事前的准备，端出跟客人专长相关的有趣话题。但是，政治、宗教和其他客人的业务机密，他知道是谈话的禁区，会主动避开。

甚至连机场送机，该如何送行，他都有标准做法，不能说再见，要说一路平安。如果是送老师到外县市讲课，一上车，也少不了当地名产和润喉的金橘柠檬茶，这些都是他自掏腰包准备的。周春明强调："差异化，就是把服务做到一百零一分，做到客户自己都想不到的服务，才拿得到那一分。"

他还有一本客人关系管理的秘籍，里面详细记载了所有熟客的喜好，光是早餐的饮料就有十种之多，有的要茶，有的要无糖可乐，如果是咖啡，几包糖、几包奶都要十分精确。通过系统管理，每个客户爱听什么音乐、爱吃什么小吃、关心什么，只要坐上周春明的车，他都尽力量身服务。他就像是客户专属的私人司机。

讨论：出租车司机的客户关系管理给我们什么启示？

单元四

管理者与下属的沟通

学习目标

通过本单元的学习，掌握与下属沟通的基本技巧，并在实际工作中加以运用。

学习内容

◆与下属沟通的误区

◆与下属沟通的渠道

◆了解下属的方法

◆下达指令的技巧

◆赞扬下属的技巧

◆批评下属的方法

美国著名未来学家奈斯比特曾指出:“未来的竞争是管理的竞争，竞争的焦点在于每个社会组织内部成员之间及其外部组织的有效沟通上。”管理与被管理者之间的有效沟通是任何管理艺术的精髓。能否建立一个关系融洽、积极进取的团队，很大程度上取决于管理者是否善于与下属进行沟通，取决于管理者是否善于运用沟通技巧。

向下沟通常见问题:

（1）习惯于单向沟通

（2）对下属缺乏了解

（3）不注意倾听

（4）工作方法单一

（5）沟通方式不当

（6）重反面激励、轻正面激励

一、了解你的下属

表 4–1 下属需求与上级沟通行为表

下属需求	上级的沟通行为
1. 关心爱护	主动询问、问候，了解需求与困难
2. 支持工作	帮助解决问题，给予认可、信任
3. 指导工作	引导、反馈、考核、在职辅导、培训
4. 理解下属	倾听，让下属倾诉
5. 得到指令	指令明确，避免多头领导，完善沟通渠道
6. 及时反馈	定期给下属工作上的反馈
7. 给予协调	沟通、协调，解决冲突

有这样一则寓言：一把坚实的大锁挂在大门上，一根铁杆费了九牛二虎之力，还是无法将它撬开。钥匙来了，他瘦小的身子钻进锁孔，只轻轻一转，那大锁就“啪”的一声转开了。铁杆奇怪地问：“为什么我费了那么大力气也打不开，而你却轻而易举地就把它打开了呢？”钥匙说：“因为我最了解它的心。”

如今，越来越多的新生代员工进入旅游企业，成为旅游企业的生力军，管理好新生代员工就成为管理者们必须修炼的一门功课。新生代员工思想活跃，才思敏捷，给企业带来了朝气和活力，当然，新生代员工也比较情绪化，小情绪较多。管理者要学会运用情商，多采用鼓励性而非责备式的管理方法来对待他们。对新生代员工情绪的调整以正确引导为主，即以朋友身份谈心，以教练方式引导，以家长方式关怀。

【例 4–1】

“其实你不懂我的心”

某饭店主管找员工小李谈话。

主管：小李，你最近一段时间表现很不错，销售业绩有很大的提高。

小李：谢谢您的夸奖。

主管：饭店决定奖励你的进步，这样吧，授予你“优秀员工”的称号，好不好?

小李：这个……

主管：有什么想法就说，我会支持你的。

小李：那我就直说了，称号什么的就不必了，只是我现在住的地方离饭店实在太远，希望饭店能帮助我解决这个困难。

主管：啊……

[**点评**] 管理者一定要深入到员工中去，实施走动式的领导方式。只有了解实际情况，才更有发言权。

要真正赢得下属的心，管理者首先要了解下属的所思所想。从某种程度上来说，下属的心是“驿动的心”，管理者只有善于察言观色，了解下属的个性、心理，了解员工的实际困难与个人需求，设法给予满足，在与他们沟通时才会得心应手，才会更好地驾驭他们并得到他们的支持和配合。

如何了解你的下属呢？

（一）善于察言观色

俗话说：“出门观天色，进门看脸色。”学会察言观色，是了解员工的最佳方式。管理者平时要用心观察下属是如何工作的？他们对自己、对同事的态度是温和的还是生硬的？他们在倾听和说话时有何种表情？什么能使他们愉快，什么能令他们沉默？尤其需要注意观察下属的异常行为，如发现员工情绪不佳、心事重重，应主动询问，然后采取适当措施。

【例 4–2】

王女士怎么了？

有一天早上，客房楼层领班上班时看到一贯情绪乐观的王女士脸色不好，就问她有什么心事？她笑笑说没有。是不是身体不舒服？她说没有，领班不便再追问，于是安排她做计划卫生。中午用餐时，领班有意喊上王女士一起吃饭，吃饭时一聊，才知道那天早上她和她丈夫吵架了。他们夫妻吵架虽然是私事，但王女士工作情绪不佳，会直接影响到对客服务。经过领班的劝说开导，王女士很快调整了情绪。

（二）设计专项调查表

为更好地了解下属，还可设计专项调查表，调查下属感兴趣的话题。

1. 员工们最感兴趣的六个话题

某项调查结果显示，下面六条是员工最感兴趣的六个话题，而这也正是企业管理者最不想公开的六个话题。

第一，企业的未来计划——我们没有必要告诉员工企业的未来计划。他们只要干好当前的工作就行了，没有必要了解事情的全局，因为我才是整体调度者。

第二，生产率的提高——怎么提高生产率我自有办法，他们要做的只是依据我的指导行事。

第三，人事政策和实行情况——我不能告诉他们这些，如果让他们知道了，谁知道会不会引起骚动呢。

第四，与职责有关的信息——员工自己会去弄明白的。

第五，职位提升的机会——这是管理层的机密，千万不能泄露。

第六，外部事件对自己职责的影响——他们到时就会了解的，不必告诉他们。

2. 员工对上级的情感需求

对一家星级饭店的调查发现，员工对上级的情感需求有以下几点：

第一，偶尔拍拍我的后背。

第二，多听听我说话。

第三，别总逼我。

第四，让我提点建议。

第五，偶尔笑一笑。

第六，问问我的感受。

第七，别那么冷漠对我。

第八，对我的工作多看两眼。

第九，别总向我证明你有多聪明。

当这个调查报告出来，几乎出乎所有饭店管理者的意料。

（三）经常与手下员工保持联系

有学者认为：跟你闲聊，我投入的是最宝贵的资产——时间，这表明我很关心你的工作。

在饭店，从总经理到各级部门总监、主管领班都应经常在饭店巡视，关注每位员工的工作；平时也应注意了解自己员工的兴趣爱好，在奖励员工或在员工过生日时投其所好。作为管理者，应当多花点时间去了解每位员工做了些什么特别的事情，他们需要什么样的鼓励和肯定。这对于让员工保持积极心态是非常关键的。

管理者平时要多和下属接触，经常与他们聊聊工作、生活和学习，让下属感觉到你的关心。尤其是 90 后、00 后员工，督导更需要与他们交谈，了解他们的真实想法，听取他们的意见。90 后、00 后在很多方面都是非常优秀的，脑子转得快，想问题能举一反三，做事灵活。他们还非常有主见、有想法，对于无法理解的事情不愿意服从，对于错误的问题勇于直言，这些都是 90 后、00 后的特点。

【例 4–3】

90 后员工要辞职

一位 90 后员工工作挨批，心中不服准备辞职，这时主管请他到办公室：

主管：我刚才实在太生气了，话说得比较重。现在叫你进来，是想告诉你，从这件事上，我发现你的机修知识很丰富，而且敢想敢做，你有没有想过把这两种能力结合起来，比如考个 ×× 证书，这样，你以后的发展前景就更广阔了。

主管这样的说法不但可能打消员工辞职的念头，而且会令员工感动。员工会认为主管愿意花费时间为自己考虑，在这样的企业中还是很有发展前途的，继而开始反思自己的错误。

［**点评**］90 后、00 后员工是企业的新生力量，他们充满活力，但是抗压能力相对不足。与他们沟通工作存在的问题时，管理人员要尊重他们的个性，不能以权压人、反复批评。要在批评之后给予积极肯定，并为他们指明未来的职业生涯发展方向。

二、注意双向沟通

常有员工抱怨：上级根本不给员工提问和解释的机会。有实习生在一家高星级饭店客房部实习，领班给他一张客房计划卫生的单子，叫他去做，他都不知道怎么做，也不敢去问，问了后也没有好的回答，说不定还会骂他怎么那么笨，连这个都不会。所以也不敢去问，只能是摸着石头过河，做错了还要挨骂，真是郁闷死了。

很多管理者往往认为向下沟通本质上是单一的，即“我说你做，不要问为什么”。他们在与员工沟通时不是在说，就是将要说。他们习惯于下命令、训斥员工，说得太多、听得太少，这大大影响了沟通的效果。

（一）重视沟通的双向性

管理者一定要注意任何沟通都是双向的，向下沟通同样也不例外。下达工作指令或与个别员工谈话，应注意多听听下属的意见，了解员工心里究竟在想些什么，即使有时员工的意见并不正确，也应让他把话说完，然后针对不正确部分做些解释、说服工作。只有很好听取别人的想法，才能更好说出自己的想法。

斯坦纳定理：在哪里说得愈少，在哪里听到的就愈多。

【例 4–4】

王经理的沟通问题

王冰是一家企业的人力资源部经理，每次员工来找他谈想法和思路的时候，王冰总是在对方还未说完之前就发表自己的“高见”，而且自己的话语占到整个谈话的 90%，结果导致员工不能顺利地表达自己的想法，他也因此无法很好地理解员工在说什么。

就这样，员工越来越疏远他，不愿与他交流，导致其工作效率低下。后来，公司发现王冰所在的部门沟通不畅，影响了整个公司的运营，认为其不适合做人力资源部经理，于是就让他改做业务了。

［**点评**］这是一个沟通不畅的事例，需要引起管理者的深思。作为部门经理，

要给下属发表意见的权利，并认真倾听对方心声，了解下属内心深处的想法，这是对下属的尊重。要想成为一名优秀的管理者，就要掌握沟通的真谛，做一个能认真倾听的双向沟通专家。

【例 4-5】

说来听听

设想一幕发生在你公司管理者和下属小张之间的交流场景：

小张：经理，现在的工作状况让我很失望，一切都不如我的预期。

经理：有什么问题吗？说来听听！

小张：在食品加工方面我们已经滞后了一个星期，我们的供货也没有按时到达。我感到陷入困境而无能为力。而且，当我想从你那里获得一些帮助的时候，总是找不到你。

经理：看来你对此已经有不少想法了。

小张：……

[**点评**] 这是一个关于双向沟通的例子，“倾听”是一名成功的管理者应该具备的能力。

（二）要学会倾听

有些管理者自以为高明，对下属的建议往往听不进去，尤其对于那些说话抓不住重点的员工，见了他提意见就心烦；有的心胸比较狭窄，对于感情不相投的员工提意见，听了一点马上就打断，弄得对方下不了台。这些都不是广开言路的做法。要明白：一个出色的听者，往往会有一种强大的感染力，他使说话者感到被重视，而不至于心灰意懒、欲言又止。管理者应把改善人际关系的聆听方式作为一个重要课题来研究。

【例 4-6】

“经营之神”的倾听之道

松下幸之助被称为日本的“经营之神”，在他的管理思想里，倾听和沟通占有重要的地位。他经常问他的下属：“说说看，你对这件事是怎么考虑的。”“要是你干的话，你会怎么办？”

他一有时间就要到工厂里转转，一方面便于发现问题，另一方面有利于听取工人的意见和建议。在松下的脑子里，从没有“人微言轻”的观念，他认真地倾听哪怕是最底层员工的正确意见，非常痛恨别人对他的阿谀奉承，松下公司也因董事长的善于交流获益匪浅。

【例 4–7】

你听懂手下的话了吗?

美国知名主持人“林克莱特”一天访问一名小朋友，问他说：“你长大后想要当什么呀？”小朋友天真地回答：“我要当飞机的驾驶员！”林克莱特接着问：“如果有一天，你的飞机飞到太平洋上空所有引擎都熄火了，你会怎么办？”小朋友想了想说：“我会先告诉坐在飞机上的人绑好安全带，然后我挂上我的降落伞跳出去。”当在现场的观众笑得东倒西歪时，林克莱特继续注视这孩子，想看他是不是自作聪明的家伙。没想到，孩子的两行热泪夺眶而出，这才使得林克莱特发觉这孩子的悲悯之情远非笔墨所能形容。于是林克莱特问他说：“为什么要这么做？”小孩的答案透露出一个孩子真挚的想法：“我要去拿燃料，我还要回来！”

[点评] 作为管理者，你真的听懂手下的话了吗？你是不是也习惯性地用自己的权威打断手下？

许多管理者经常犯这样的错误：在手下还没有来得及讲完自己的事情前，就按照自己的经验大加评论和指挥。反过来想一下，如果你不是上级，你还会这么做吗？打断下属说话，一方面容易做出片面的决策，另一方面会使员工缺乏被尊重的感觉。时间久了，手下将再也没有兴趣向上级反馈真实的信息了。反馈信息的渠道被切断，领导就成了“孤家寡人”，在决策上就成了“睁眼瞎”。

（三）让员工参与

在企业里时常听到员工这样抱怨：“反正也不关我的事，管那么多干什么？”似乎企业利益对他们已经没有意义了。要知道，企业决策的最终执行者是下属员工，任何制度如果得不到下属的理解和支持，都不会得到很好的执行和落实。其实，每一个人都希望参与管理，员工也不例外，他们总想拥有参与饭店管理的发言权。因此，企业管理者要善于给予员工参与管理、参与决策和发表意见的机会。只要情况许可，管理者在做决策时，不妨听听下属的意见。哪怕他们的意见不成熟，也先赞美一下，这对员工来讲是一种激励，是一种压力的减轻。

【例 4–8】

海尔员工互动培训

海尔集团公司在员工文化培训方面进行了丰富多彩的、形式多样的培训及文化氛围建设，如通过员工的“画与话”、猜灯谜、文艺表演、找案例等活动，用员工自己的画、话、人物、案例来诠释海尔理念，从而达成理念上的共识。

海尔给新员工每人都发了“合理化建议卡”，员工有什么想法，无论涉及制度、管理、工作、生活等任何方面都可以提出来。对合理化的建议，海尔会立即采纳并实行，对提出人还有一定的物质和精神奖励。而对不适用的建议也会给予积极回应，因为这会让员工知道自己的想法已经被考虑过，他们会有被尊重的感觉，更敢于说出自己心里的话。

图 4–1 海尔员工的“画与话”

（四）给下属提供各种沟通的渠道

既然要跟下属好好地沟通，就应给他们各种沟通的渠道。常用的沟通渠道：

（1）班前会、班后会。

（2）走动管理，多与员工接触。

（3）开设员工洽谈室。

（4）设建议箱。

为了更好地收集员工意见，“倾听”员工心声，一些饭店还专门设立了员工热线电话，或二维码员工体验调查表，利用各种方法给下属提供沟通的渠道。

【例 4–9】

某饭店的成功经验

某品牌饭店的沟通制度是：每天的部门例会上，员工可以向主管反映前一天工作中发生的小问题，大家一起回顾具体出错的环节在哪里；每个月大部门会议，会讨论员工满意度的情况，向部门总监提出需要改进的地方，然后各部门会不断跟进事情的进展；另外，人事总监每个月还会随机抽取 10 个左右各部门员工，一起喝下午茶。话题大到饭店硬件设施的维修，小到制服的熨烫，都会反馈到相关的部门加以解决。“我们会用最快的速度及时改进，会给出进展的期限或者不能解决的解释，总之会让员工得到满意的答复。”一位管理人员说。她讲了一个例子：饭店女员工穿的连裤袜，多年以来发的都是很薄的丝袜，但是今年春天当地天气很冷，有员工提出丝袜不够保暖，希望可以换成天鹅绒、羊绒的厚袜子。"这样一来成本肯定会提高，但我们觉得是合情合理的要求，所以就及时换了。"

总经理狄高志先生每月也会邀请不同部门的员工与他一起共进早餐，问问大家最近的工作情况。"大多数时候，员工都表示挺开心的，当然他们也会带来一些小问题。而当我问，你们的主管是不是已经知道了？答案总是'是的，并且已经在处理了'。所以他们告诉我，并不是因为他们得不到帮助，而只是想让我知道这件事情罢了。"他同时强调，自己要确保员工反映出来的每一个问题，都的确有人在关注和解决。"因为他们希望这些问题引起我的重视，但是我什么也不做的话，将是更加糟糕的。"

饭店的总经理认为自己了解员工需要和工作状况的最好方式，就是走到每个员工的实际工作环境中，亲身体会他们的感受，一起讨论如何更好地改进。而员工们也可以自由地到总经理办公室来，提出他们的建议和想法。"尽管我们每年都会进行员工满意度的调查，但员工满意与否是每天都要衡量的问题，而不是在进行某种调查时才存在。"

【小资料】

别让建议箱成为"聋子的耳朵"

建议箱是管理者了解下情、收集员工建议意见的一个良好渠道。通常，饭店都设有员工建议箱，但不少饭店的建议箱一年都收不到几份建议书。意见箱不能有效地发挥沟通作用，成为聋子的耳朵——摆设。这种情况的出现，责任应在饭店管理层。

一是管理者对员工建议缺乏应有的重视，只是将建议箱作为一种形式象征性地摆在那里。其实，建议活动对企业很有益处，一家饭店有几个"建议迷"，可以有效带动其他员工提出很多有益方案，促使饭店管理水平得到改进和提高。

二是缺乏相应的激励机制。大部分饭店仅设一个建议箱，很少考虑如何方便员工填写，也没有制定具体的评议措施、奖励方法，员工缺乏积极性。

三是与员工沟通不够。有些饭店员工抱怨投入建议箱中的信件如泥牛入海，一年半载都得不到饭店方面的反馈，对管理者有无过目、建议是否被采纳等情况一无所知，因而打击了员工填写建议书的积极性。还有部分员工对上级有不满和牢骚，害怕投了意见箱后饭店保密措施做得不好，会遭受打击报复。

一些饭店的建议系统比较完善，体现在以下几个方面：建议表内容设计很用心，印刷精美；与员工高度沟通，将建议表放入员工的工资袋，方便员工填写；有一系列真材实料的奖励措施，包括专设的建议奖励基金、评议方法、奖金额等。

下面是某饭店的"建议征求"做法，可供参考。

如果你有一个好建议，请你这么做：

（1）从建议箱中拿一份建议表，写好建议后投入建议箱中。

（2）建议表放入建议箱前注意撕下存根。

（3）所有建议都经饭店专门委员会讨论，个别的由专人处理。

（4）建议如被采纳，奖金为 ××× 元。建议不限数目。

（5）另颁特别奖，总奖金为 ×××× 元，共分三等颁发，每年颁给三个最好的建议者，所有员工皆可参加。

（6）每月月底评奖一次。

（7）每月 15 日后宣布评奖结果。

（8）对本建议计划如有意见，请与饭店人力资源部联系。

三、营造良好的氛围

下属不同于机器，不是在做机械运动，他们的活动轨迹千变万化：情绪愉快时，即使脏累繁重的工作也无怨言；心境不佳时，哪怕是举手之劳也要算计。管理者的重要职责之一是营造融洽的人际交往氛围。也就是说，只有企业及其管理人员关心员工，为其创造良好的环境，提供良好的条件，时刻把“员工是否开心”放在第一位，员工才会时刻将饭店的利益放在第一位；员工只有获得关心和爱，才会奉献真诚；员工只有开心，他们才会向顾客绽放发自内心的笑容，才会用真情去服务每一位客人。但冰冻三尺非一日之寒，这是需要长时间投入的。

管理者永远不要吝啬，把关爱倾注于自己的员工，因为他们带给企业的将是无限的生机。特别是当员工自认为与上级领导有良好的人际关系时，他们更会感到工作的愉悦。有一个新的词语叫“办公室兴奋剂”，意思是指某些员工由于自身的特质成为办公室中的兴奋剂，只要有他（她）在，其他的员工就干劲十足。所以同事之间如果能够愉快地合作，也是能够非常有效地提高员工的工作效率的。

【例 4-10】

有了时刻开心的员工 才有时刻开心的顾客

威斯汀酒店在每次接受一批新员工时，都只对他们提一个要求：要非常开心。如果员工的工作做得不开心，饭店会要求他们讲出不开心的理由并解决这些问题，否则就会被解雇。在这样轻松愉快的氛围中，服务员都表现出了难以置信的良好精神状态，赢得了客人高度的认可。

（一）关心员工

对别人表示关心和善意，比任何礼物都能产生更多的效果。时刻真情关怀下属感受的管理者，将完全捕获下属的心，并让下属心甘情愿为他赴汤蹈火！

【例 4–11】

没有吃完的牛排

一家公司的总裁有一次在餐厅招待客人，一行六个人都点了牛排。等六个人都吃完主餐，总裁让助理去请烹调牛排的主厨过来，他还特别强调：“不要找经理，找主厨。”助理注意到，总裁的牛排只吃了一半，心想，一会儿的场面可能会很尴尬。

主厨来时很紧张，因为他知道请自己的客人来头很大。“是不是牛排有什么问题？”主厨紧张地问。“烹调牛排，对你已不成问题，”总裁说，“但是我只能吃一半。原因不在于厨艺，牛排真的很好吃，你是位非常出色的厨师，但我已 80 岁了，胃口大不如前。”

主厨与其他五位用餐者困惑得面面相觑，大家过了好一会儿才明白怎么一回事。“我想当面和你谈，是因为我担心，当你看到只吃了一半的牛排被送回厨房时，心里会难过。”

［**点评**］站在对方的立场上替对方着想，如果你是那位主厨，听到总裁先生的解释会有什么感受？是不是觉得备受尊重？

【例 4–12】

餐具摔碎了

某饭店，一天，用餐的人特别多，有一名服务员不小心将托盘中的碟子滑落到地上摔碎了，领班看见一瞪眼：“你怎么搞的？那么不小心？”可想而知，服务员可能还要自己赔偿损失。

请看某品牌酒店的做法：首先要关心员工，看他（她）有无受伤，并给予安慰。然后，要找出原因，是地面太滑？是碟子本身滑？还是鞋子有问题？找出问题，对症下药，加以改进。如果是员工自己技能不熟练而造成的，则对其进行再培训。

［**点评**］如果你是那个不小心摔碎碟子的服务员，这家酒店的做法一定会对你有所触动的。

【例 4–13】

参观摩托罗拉生产厂房

在上海某生产厂房，副总经理带领我们参观他们的生产线，在走过一个男性中国作业员身边时，看到他正在焊作业管线。副总经理对他说：“Good boy！”男员工对他笑了一下。参观到检验车间时，一个女作业员正在用放大镜检验产品，“Nice girl！”女作业员也微笑了一下。听到副总经理和自己很亲切地讲“Good boy！”“Nice girl！”对他们来说这就是一种激励。

[**点评**]不断展示自己的笑容，也是一种“爱”。有些管理者整天板着一张脸，让下属望而生畏，觉得你可敬不可亲，有什么事肯定不愿意说出来。

有些人觉得作为领导或者主管，别人给自己敬礼、问好是应该的，其实人与人之间是要互相激励的。“小王，吃过饭了吗？”“老李，脸色不好，多休息一下。”这么一两句话就是一种激励，给人温暖的感觉。

【例 4–14】

请把你的笑容分些给他

位于美国俄亥俄的美国钢铁和国民蒸馏器公司的 RMI 子公司，生产多种钛制品。多年来，公司的产品质量低、生产率低、利润率低。自大吉姆·丹尼尔到这里任总经理后，情况发生了巨变。大吉姆没有什么特殊的管理办法，只是在工厂四处贴上这样的标语“如果你看到一个人没有笑容，请把你的笑容分些给他”，“任何事情只有做起来兴致勃勃，才能取得成功”。这些标语下面都签着名字“大吉姆”。公司还有一个特殊的厂徽：一张笑脸。在办公用品上，工厂大门上，厂内牌板上，甚至在工人的安全帽上都绘有这张笑脸。这就是美国人称之为的“俄亥俄的笑容”。《华尔街日报》称之为“纯威士忌酒——柔情的口号、感情的交流和充满微笑的混合物”。大吉姆自己也总是满面春风，他向人们征询意见，喊着工人的名字打招呼，全厂 2000 个工人的名字他都能叫得出来。他把工会主席叫到会议上，让他知道工厂要干什么，而这种做法在西方企业里几乎是看不到的。结果只用了 3 年时间，工厂没有增加 1 分钱投资，生产率惊人地提高了近 80%。

[**点评**]在企业沟通中，给下属致一个友好的微笑，轻轻地拥抱或拍打一下下属的肩膀等，都是一种情感沟通。显然，为了创造和维持良好的人际工作环境，更是为了普遍提高员工的工作热情和绩效，情感沟通是十分基本、日常又重要的基础沟通工作。

（二）增进相互理解

1. 学会换位思考

在一些饭店，经常会听到一种声音：这件事情也不知道对他们（指下属）强调了多少次，他们就是不照着办，气死人了！几乎在每个企业里都能耳闻管理者对员工发出种种不快的声音，抱怨他们对上级的管理指示领会不够好，执行的力度不够。这种指责虽然不能简单地说是对还是错，但把责任一股脑儿全安在员工身上显然不合适。作为管理者，要问问自己：问题出在什么地方？

【例 4-15】

如此沟通

有一天，领班小王看到一个员工中午未吃饭，用冰激凌代替，想到这个员工平时肠胃不怎么好，就从关心的角度对他说："你要尽量少吃刺激性的食品。"哪知那个员工脸一变，回了一句："你总不能要我把冰激凌给扔了吧？"说罢扭头便走。

［**点评**］上例沟通失败，原因是多方面的。除了小王要检讨自己外，恐怕员工对领班缺乏了解也是原因之一，她误将关心当成了批评。

上下级因为站的立场不一样，看问题的角度不同，在沟通时容易发生矛盾摩擦，有时上级一批评员工，员工就有抵触情绪，认为你老是盯着他不放，从而影响了沟通的效果和工作效率。其实，任何制度、指令如果得不到员工的理解、支持和配合，都不会很好地得到执行、落实。

英国语言学家怀尔德教授在《现代口语英语史》中说：如果把现在的英国人送回到 17 世纪，即便进行最简单的社交谈话，他们都会感到极端困难。不同时代的人交流起来有困难，同时代人之间的沟通也未必一定流畅。当韩国女子曲棍球队在雅典奥运会上输给德国队之后，教练金相烈沮丧地说："我再也不愿执教女子队了。我怎么训练她们我也不能进到她们脑子里去。我告诉她们怎么做，她们总说好好好，没有任何意见。但她们也只是说说而已，做起来完全是另一回事。"

金相烈式的感慨不只存在于体育界，企业里也比比皆是。

管理者不要指望别人都和自己一样有见识。与其埋怨员工，倒不如帮助他们提高认识；与其责骂员工，倒不如主动接近他们联络彼此的感情。管理者要经常换位思考，真正站在下属的角度，去感受下属的所思所想，这样才能有的放矢做好工作。

【例 4-16】

不要指望别人的见识都和你一样

中国台湾地区一家大型公司女总裁的看法十分明智：不要指望别人的见识都和你一样。她经常向人们讲述自己亲身经历的一个故事。

她女儿上幼儿园时，有一天，她作为家长去参观幼儿园的书画比赛。在一幅名为《陪妈妈上街》的画前，她驻足了很久，画中没有高楼大厦，没有车水马龙，也没有琳琅满目的商品，有的只是数不清的大人们的腿。她为此感到奇怪，末了还是幼儿园老师帮她解开了疑惑，老师说，幼儿园的孩子身高几乎还不到大人的腰部，你说他们上街看到的不是大人的腿还能是什么？

于是她想，孩子们上街时看到的只是大人们的腿，这是他们的身高决定的；

同样的道理，公司员工们能看到的是他们自己的工作、利益和前途，并不是每个人都像总裁一样思考公司的未来，这是由于他们所处的环境决定的。因此，不要指望别人都和你的见识一样。与其埋怨员工，倒不如帮助他们提高认识；与其责骂员工，倒不如主动接近他们，联络彼此的感情。于是，她以和颜悦色的崭新形象出现在员工面前，公司的业绩也随之突飞猛进。

2. 进行交叉培训

增进相互理解的另外一种行之有效的办法，是进行上下级之间的交叉培训。交叉培训，指员工在做好本职工作的基础上，学习培训其他岗位的业务技能。交叉培训是增进理解、沟通、合作的良好途径，经过交叉培训的员工更易换位思考。交叉培训可以在同级之间进行，也可以在上下级之间进行。上下级之间的交叉培训通常是某一级别的员工接受高一级别岗位的培训，如服务员、领班，领班、主管间的培训。上下级之间的交叉培训，既给了下属一个展示自己能力的舞台，又可以使员工在工作时能够换位思考，充分体会上级的甘苦，从而更加配合上级工作。

有管理学家提出，在你着手建立合作和信任时要牢记，我们语言中有：

◆ 最重要的八个字是：我承认我犯过错误。
◆ 最重要的七个字是：你干了一件好事！
◆ 最重要的六个字是：你的看法如何？
◆ 最重要的五个字是：咱们一起干！
◆ 最重要的四个字是：不妨试试！
◆ 最重要的三个字是：谢谢您！
◆ 最重要的两个字是：咱们。
◆ 最重要的一个字是：您。

记住经常使用这些语言，它会让你事半功倍。

四、有效下达工作指令

管理者日常工作的一个重要职能是分配工作任务、下达工作指令。如何使下属按要求完成工作，需要掌握有效的沟通技巧。

（一）工作指令要明确、清楚和完整

我们经常做一个抽扑克牌游戏：将10个学生分成A、B两个组，5人一组，每组发一副扑克牌。指导老师要求A组5位学生每人根据自己的喜好挑取一张牌，结果挑出来的5张牌花色、数字都有很大的不同。要求B组从扑克牌中挑出红桃10以上的牌，结果是显而易见的，5个人挑出牌的花色是一致的，但是数字却有两组不同的组合：一组组合是红桃10、J、Q、K和A，另一组组合是红桃J、Q、

K、A和2。抽出红桃10的往往是玩80分的，而抽出红桃2的是争上游的玩法。这个游戏说明一个道理，要下属完成特定的工作任务，指令越明确、越具体，被理解贯彻的程度就越高。

管理者在发出工作指令尤其是口头工作指令时，场所往往极为不正式，可能在楼层、在大堂、在厨房、在餐厅或者是在酒吧、洗衣房等处。它可能是一个谈话片段，而且时间比较仓促，因此极易遇到许多沟通障碍。但无论工作指令多么简单，沟通条件多么困难，管理者都需要运用“5W1H”原则，明确、清楚和完整地将工作指令发给下属。让下属知道：Who（执行者）、What（做什么）、How（怎么做）、When（什么时间）、Where（什么地点）、Why（为什么）。

“小王，将这几间房间打扫一下。”

这不是一条明确、清楚和完整的工作指令。应改为：

“小王，请你将1207、1208、1209这三间房间打扫一下，下午2时前完成，要保证质量，下午4时有贵宾入住。”

Who（执行者）——小王

What（做什么）——打扫房间

How（怎么做）——打扫干净、保证质量

When（什么时间）——下午2时前

Where（什么地点）——1207、1208、1209

Why（为什么）——有贵宾入住

清楚的信息还应该是能让下属理解，并且对其具有意义的。管理者必须了解下属的参照系，并用下属能听得懂的语言，选择下属能够接受的方式方法进行沟通。

【例4-17】

要用听得懂的语言与别人沟通！

一个村庄里住着三个兄弟，三个兄弟听说大海博大与宽广，立志一定要去看一看大海，由于家中有年迈的父亲需要照顾，三兄弟决定让老三代表大家去看看大海。老三走了一个月，看见了黄河，他以为看见了大海，一打听，才知道自己看见的不是大海，又走了一年，终于看见了大海。老三回到了家乡。给大哥二哥讲述大海的样子。老三说大海有一千条黄河那么多的水，大哥二哥没有见过黄河，又问老三黄河有多大，老三说黄河有一万条家乡的小溪那么多的水，哥俩这才能隐约地感觉到大海到底有多大。

［**点评**］现在，由于科技的进步、传媒的发达，即使没有见过大海的人，同样也可以栩栩如生地描述大海是什么样的。但是对于我们没有见过的东西，或者从来没有体会过的东西，我们能准确地说出感受吗？

在沟通中同样存在类似的问题。由于每个人的经历与所处的位置不同，对同样的事情表达的观点与看法是完全两样的。在旅游管理工作中，经常会听到很多管理者抱怨：在他们看来非常重要的问题，并且反复强调，但是员工却不一定这么认为，在工作中总是会出现纰漏。

【例 4–18】

问题出在哪儿？

李经理将老客人联谊会活动现场的布置任务交给了小刘，只说了句："星期五之前必须完成会场布置，我要结果！"然后就什么也没说。

接受任务后，小刘加班加点布置会场……

结果到星期五，李经理非常不满意会场布置，提出异议："为什么将椅子放成一排一排的，不便于大家交流呀！为什么只放三排，才 20 个座位，明天可能会来 40 多人！为什么没有准备茶点 ....."

李经理一肚子火，小刘一肚子委屈……

问题：案例中出现的问题，谁该承担主要责任？为什么？

（二）尽可能避免用命令的方式

命令是上级对下属特定行动的要求或禁止。命令带有组织阶层上的职权关系，它隐含着强制性，会让下属有被压抑的感觉。如果管理者经常用命令的方式要求员工做好这个工作、完成那项任务，也许工作会非常有效率，但是工作品质一定无法提升。为什么呢？因为直接命令剥夺了下属自我支配的权利，压抑了下属的创造性思考和积极负责的心理，同时也让下属失去了参与决策的机会。但有时命令是必须的，重要、紧急事项或规章制度、决议的执行必须使用命令。需要注意的是，在下命令时，必须保持命令的统一性、一致性，注意不要经常变更命令，以免员工无所适从。

【例 4–19】

手表定理

手表定理，是指一个人有一只手表时，可以知道现在是几点钟，而当他同时拥有两只表时，却无法确定时间。两只手表并不能告诉一个人更准确的时间，反而会让看表的人失去对时间的准确判断。

[**点评**] 手表定理在企业经营管理方面给我们一种非常直观的启发，就是对同一个人或同一个组织的管理，不能同时采用两种不同的方法，不能同时设置两个不同的目标，甚至每一个人不能由两个人来同时指挥，否则将使这个企业或这个人无所适从。

（三）尊重下属，使下属积极接受工作指令

许多管理者容易犯的错误是，以一种高高在上的姿态与下属说话，实际上，他们是在下达命令：“你最好听我的话，并且按我的吩咐去做，因为我是你的上司。”但管理者必须知道，没有哪个人喜欢被他人命令来命令去的，包括自己的下属。

或许有人会说，管理者有职权，不管下属是否有意愿，他都必须执行。的确，下属慑于上级的职权，必须执行工作指令，但有意愿下的执行和没意愿下的执行，其结果会有很大差异。有意愿的下属，会尽全力把工作做好；没意愿的下属，心里只会想着能应付过去就好。

因此，作为一名管理者，在与下属沟通的时候要注意尊重对方，注意表达方式，尽量不采用命令的口吻：

“小王，进来一下。”

“小李，把盘子洗一下。”

这样的用语会让下属有一种被呼来唤去的感觉，缺少对自己起码的尊重。为了改善和下属的关系，使他们感觉自己更受尊重，管理者不妨使用一些礼貌用语：

“小王，请你进来一下。”

“小李，麻烦你把盘子洗一下。”

【例 4–20】

“南风”法则

“南风”法则也称“温暖”法则，源于法国作家拉封丹写过的一则寓言：北风和南风比威力，看谁能把行人身上的大衣脱掉。北风首先来一个冷风，凛冽、刺骨，行人为了抵御北风的侵袭，把大衣裹得紧紧的；南风则徐徐吹动，顿时风和日丽，行人因为觉得温暖，始而解开纽扣，继而脱掉大衣，南风获得了胜利。

[**点评**] 这则寓言形象地说明了一个道理：温暖胜于严寒。管理者在管理中运用“南风”法则，就是要了解和尊重下属，以下属为本，多点人情味，尽力解决下属日常生活中的实际困难，让下属被动接受工作变为主动接受工作，从而激发出工作的积极性。

记住：一位受人尊敬的管理者，首先应该是一位懂得尊重别人的管理者。

（四）尽可能用培训的方式下达工作指令

要求下属做什么的同时要教会他们怎么做。常见的错误做法是：招了新员工，未经培训或培训还未合格就让其直接上岗，一旦出了差错就大声呵斥。

【例 4–21】

迪斯尼乐园员工培训

在迪斯尼乐园，有些扫地的员工是利用暑期打工的学生，虽然他们只扫两个月的时间，但是培训他们扫地要花 3 天时间。

第一，学扫地。第一天上午要培训如何扫地。扫地的扫把有 3 种：一种是用来扫树叶的，一种是用来刮纸屑的，一种是用来掸灰尘的，这 3 种扫把的形状都不一样。怎样扫树叶，才不会让树叶飞起来？怎样刮纸屑，才能把纸屑刮得很好？怎样掸灰，才不会让灰尘飘起来？这些看似简单的动作都要经过严格的培训。扫地时还要注意：开门时、关门时、中午吃饭时、距离客人 15 米以内等情况下都不能扫地。

第二，学照相。第一天下午学照相。十几台世界最先进的不同品牌的数码相机被摆在一起，扫地的员工要逐一学习每台相机的使用方法。平时工作时，有很多客人会叫员工帮忙照相，如果员工不会照相，就不能照顾好客人。

第三，学抱孩子和给孩子换尿布。第二天上午学怎么给小孩子包尿布。在迪斯尼乐园里，带孩子的妈妈可能会叫员工帮忙抱一下小孩，但如果员工不会抱小孩，动作不规范，不但不能帮上忙，反而会给客人添麻烦。抱小孩的正确动作是：右手要扶住孩子的臀部，左手要托住孩子的背，左手食指要顶住孩子的颈椎，以防闪了小孩的腰，或弄伤小孩的颈椎。扫地的员工不但要会抱小孩，还要会替小孩换尿布。

第四，学辨识方向。第二天下午学辨识方向。在游乐园里，经常会有客人问路，如有人要上洗手间，扫地的员工就要说诸如“洗手间在右前方，约 50 米，第三号景点东，那个红色的房子”；如有人要喝可乐，扫地的员工就要说诸如“左前方，约 150 米，第七号景点东，那个灰色的房子有卖可乐”……客人会问各种各样的问题，包括扫地员工在内的每一名员工要把整个迪斯尼的地图都熟记在脑子里。

训练 3 天后，迪斯尼乐园会发给员工每人 3 把扫把，让他们开始扫地。

（五）注意获取反馈

有时，管理者往往认为很清楚的事情，员工并不很清楚。我们经常让学生做一种折窗花游戏，每个学生发一张长方形的纸，要求学生对折三下，然后撕下一个三角。结果学生折法不一，撕出来的窗花各种各样。

同样的一件事情，不同的人对它的概念与理解的差别是非常大的，在我们日常的谈话与沟通当中也是同样。当你说出一句话来，自己认为可能已经表达清楚了意思，但是，不同的听众会有不同的反应，他们的理解可能是千差万别的，甚至可以理解为相反的意思。这将大大影响沟通的效率与效果。可见，反馈是必不可少的。

“沟通是你被理解了什么而不是说了什么”，下达工作指令后，管理者应询问下属有什么问题及意见，是否理解了指令的要求，必要时可让员工重复一遍：

“小王，这个工作，你还有什么问题吗？”

对下属提出的好意见，应积极加以采纳，并给予称赞：

“关于这点，你的意见很好，就照你的意见去做。”

（六）给下属更大的自主权

一旦决定让下属负责某项工作，就应该尽可能给其更大的自主权，让其可以根据工作的性质和要求，更好地发挥个人的创造力：

“这次小组培训计划交给你负责，关于培训主题、地点、时间、预算等请你做一个详细的策划，下个星期一下午听取你的汇报。”

还应该让下属取得必要的信息：

“培训部门我已经协调好了，他们会提供一些必要的资料。”

（七）给予适当支持和帮助

即使命令已经下达，下属也已经明白了其工作重点所在，且被相应地授权了，管理者也不可就此不再过问事情的进展，尤其当下属遇到问题和困难希望上级协助解决时，更不可以说：“不是已经交给你去办了吗？”作为上级，应该清楚地意识到，他之所以是你的下属，就是因为他的阅历、经验不如你。此时，管理者应该和下属一起共同分析问题，探讨状况，尽快提出一个解决方案：

“我们都了解了目前的状况，下面来讨论一下该怎么做？”

五、赞扬下级的方法

有句谚语说得好，“赞美能使傻瓜变天才”。赞美他人，是我们在日常沟通中常常碰到的情况。要建立良好的人际关系，恰当地赞美他人是必不可少的。美国一位著名社会活动家曾推出一条法则：“给人一个好名声，让他们去达到它。”事实上被赞美的人宁愿做出惊人的努力，也不愿让你失望。

美国著名教育家卡耐基曾写出享誉全球的名著《人性的弱点》《人性的优点》《人性的光辉》等。他指出，为人处世基本技巧的第一条就是“不要过分批评、指责和抱怨”。第二条是“表现真诚的赞扬和欣赏”。肯定与表扬是最强有力的激励方式，而且不花钱。连拿破仑都震惊于肯定与赞美的效果，有人告诉他，为了得到这位皇帝的一枚勋章，他的士兵是什么英勇行为都可以做出来的。拿破仑惊讶地说：“这真是奇怪，人们竟然肯为这些破铜烂铁拼命！”

优秀的员工是赏识出来的，作为管理者应该努力去发现能对下属加以赞扬的小事，寻找他们的优点，养成一种赞美的习惯。

【例 4-22】

罗森塔尔效应——你是最棒的！

大家一定听过“说你行，你就行；说你不行，你就不行”的说法。要想使一个人发展得更好，就应该给他传递积极的期望信号。期望如同一把双刃剑，积极的期望促使人们向好的方向发展，消极的期望会使人向坏的方向发展。

在现实生活中，我们可能会发现，当我们对一件事情怀有热切期望的时候，通常会产生积极的效应。这就是罗森塔尔效应，又称皮格马利翁效应或期望效应。

20 世纪 60 年代，美国著名心理学家罗森塔尔和雅各布森找到了一个学校，从校方手中得到了一份全体学生的名单。在经过抽样后，他们向学校提供了一些学生名单，并告诉校方，他们通过一项测试发现，这些学生有很高的天赋，只不过尚未在学习中表现出来。其实，这是从学生的名单中随意抽取出来的几个人。有趣的是，在学年末的测试中，这些学生的学习成绩的确比其他学生高出很多，而且在兴趣、品行、师生关系等方面也都有很大的变化。鉴于研究的重要发现，这个效应被称为罗森塔尔效应。

将罗森塔尔效应运用到旅游企业管理中，管理人员对下属的期望同样也会影响其行为。有“经营之神”美誉的松下幸之助就是善用罗森塔尔效应的高手。松下幸之助首创了电话管理术，他经常给下属包括新招的员工打电话，每次打电话都没有什么特别的事，只是问一下员工的近况。当下属回答说还算顺利时，松下就会说，很好，希望你好好加油。这样的电话使下属每每感到总裁对自己的信任和看重，精神为之一振。

但是遗憾的是，一些管理者不会赞美激励，只会批评，他们认为表扬会使员工骄傲，他们常挂在嘴上的一句话是：“做得好不表扬是应该的，做得不好挨批评是应该的。”下属想知道的最重要的事情是：“我干得怎么样？我的表现还行吗？”这一期望与需要通常只有在员工出了差错时才能得到满足。他们一旦做错事，就会遭到严厉的批评甚至处罚，可当他们表现好时，管理者却很少花时间去告诉他们。于是，我们就见到太多被上级训得灰头土脸的员工。

一直在这种灰色情绪下工作，又如何要求员工做出好的业绩？我们需要问一问每个管理者：今天你称赞过你的员工吗？或者你已经多少年没有称赞过员工了？是否因为你从来没有得到过领导的表扬，所以你把这种负面情绪传递给了你的下属？为什么不开始尝试把负面情绪抛到九霄云外开始赞扬员工的工作？

心理学家杰斯莱尔说：“赞扬就像温暖人们心灵的阳光，我们的成长离不开它。但是绝大多数人都太轻易地对别人吹去寒风似的批评意见，而不情愿给同伴一点阳光般温暖的赞扬。”可见，称赞他人并非人人都能做好。

【例 4–23】

一条腿的鸭子

有一位名厨，他的拿手好菜是烤鸭，深受客人的喜爱，特别是他的老板，更是对其赏识有加。不过，这个老板从来没给过厨师任何鼓励，这让厨师闷闷不乐。

有一天，老板有客人从远方来，在家设宴招待贵宾，点了数道菜，其中一道就是老板最喜欢吃的烤鸭。厨师奉命行事。然而，当老板夹了一只鸭腿给客人时，却找不到另一只鸭腿，于是他便问身后的厨师：“另一条腿到哪里去了？”

厨师说：“老板，我们家里养的鸭子都只有一条腿！”老板感到诧异，但碍于客人在场，不便问个究竟。

饭后，老板便跟着厨师到鸭笼去看个究竟。时值夜晚，鸭子正在睡觉，每只鸭子都只露出一条腿。

厨师指着鸭子说：“老板，你看，我们家的鸭子不是全都只有一条腿吗？”

老板听后，大声拍掌，鸭子当场被惊醒，都站了起来。老板说：“鸭子全是两条腿呀！”

厨师说：“对！对！不过，只有鼓掌拍手，才会有两条腿呀！”

[**点评**] 这则故事告诉我们，要想使下属始终处于工作的最佳状态，就要及时对他们进行表扬和奖励。

赞美下级作为一种沟通技巧，也不是随意说几句恭维话就可以奏效的。事实上，赞扬下级也有一些技巧：

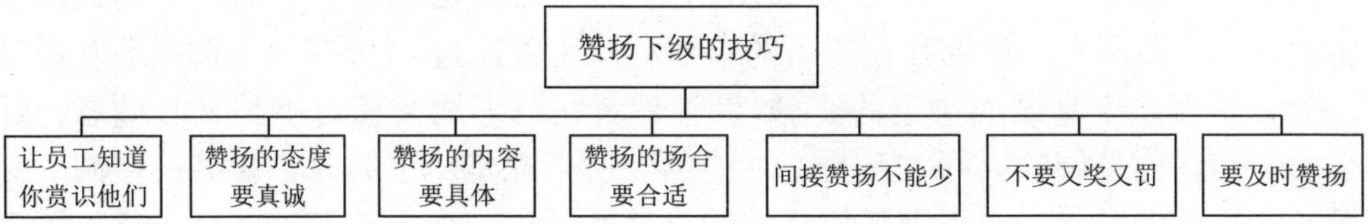

（一）让员工知道你赏识他们

管理者要经常让下属知道你是多么赏识他们，没有哪个人不喜欢被赞美，管理者应该经常表达对他们的欣赏。甚至只是称赞准时上班，对方就知道你重视守时。

“我认为那真是太好了，你每次都能在8点钟准时上班。我真佩服能守时的人。”

对你的下属说这些话，你会发现他以后迟到的次数就更少了。每个人总有些可赞赏之处——不妨让他知道，不要藏在心里！

美国IBM公司有一个“百分之百俱乐部”，当公司员工完成年度任务，就被批准成为该俱乐部会员，他和他的家人被邀请参加隆重的聚会。结果，公司的雇员都将能获得“百分之百俱乐部”会员资格作为工作目标，以获取那份荣耀。

对于员工，不要太吝啬一些头衔、名号，这些头衔、名号可以换来员工的认可感，从而激励起员工的干劲。日本电气公司在一部分管理职务中实行“自由职衔制”，就是说可以自由加职衔，取消“代”“准”等一般管理职务中的辅助头衔，代之以“项目专任部长”“产品经理”等与业务内容相关的、可以自由加予的头衔。

【例4–24】

“吕蒙路早”

在亚朵酒店，有一位客人跟朋友吐槽，自助早餐厅是上午7点开门，自己第二天要很早离店赶路，看来是来不及吃早餐，只能饥肠辘辘出发了。

酒店有一位花名叫吕蒙的员工知道这一情况后，第二天一大早就守在大堂，给客人打包了一份早餐，让他在路上吃。客人很是感动，从此成为亚朵的忠实粉丝，还到处为亚朵进行口碑传播。

后来，亚朵酒店以该员工的花名命名了该服务，将其叫做“吕蒙路早”。这个产品到现在还在被广泛使用，只要客人有这方面的需求，亚朵酒店员工就会替客人打包一份早餐，等在大堂。

（二）赞扬的态度要真诚

赞扬下属必须真诚。每个人都珍视他人对自己真心诚意，它是人际沟通最重要的法则。英国专门研究社会关系的卡斯利博士曾说过：“大多数人选择朋友都是以对方是否出于真诚而决定的。”如果管理者在与下属交往时不是真心诚意，那么要与他建立良好的人际关系是不可能的。所以在赞美下属时，要避免空洞、刻板的公式化的夸奖，或不带任何感情的机械性话语，令人有言不由衷之感。管理者必须确认所赞美的人的确有此优点，并且要有充分的理由去赞美他。

（三）赞扬的内容要具体

赞扬他人要具体。表扬他人最好是就事论事，哪件事做得好，什么地方值得赞扬，说得具体，才能使受夸奖者高兴，便于引起感情的共鸣。赞扬时除了用“你很棒！”“你表现得很好！”“你不错！”之类的用语外，最好加上对具体事实的评价。

“你的调查报告中关于提升服务品质的建议，是一个好方法，谢谢你提出这么有用的办法。”

“你处理这次客户投诉的态度非常好，自始至终婉转、诚恳，并针对问题提出解决方案，你的做法正是我们期望员工能做到的标准典范。”

对具体行为做出赞美最为有用。

试比较下面两个赞美：

“你干得好极了，要保持。”

“我喜欢你服务顾客的方式。你能用亲切的笑容说出欢迎光临，给顾客一个良好的印象。”

第一个聊胜于无，它虽然让人知道受到赏识，但为了什么呢？第二个说出了所做的事，以及为什么它是好的。

（四）注意赞扬的场合

在众人面前赞扬下属，对被赞扬的员工而言，当然受到的鼓励是最大的，这是赞扬部下的好方式。但是，采用这种方式时要特别慎重，因为被赞扬的表现若不能得到大家客观的认同，其他下属难免会有不满的情绪。因此，公开赞扬最好是能被大家认同及公正评价的事项。例如：业务竞赛的前三名、小发明、小建议、对饭店有重大贡献等，这些值得公开赞扬的行为是已被全体员工认同的。

（五）适当运用间接赞美的技巧

所谓间接赞美，就是借第三者的话来赞美对方，这样比直接赞美对方的效果往往要好。比如对下属说：

“前两天我和刘经理谈起你，他很欣赏你的服务态度，你对客人的热心与周到值得大家学习。好好努力，别辜负他对你的期望。”

无论事实是否真的如此，通常你的下属是不会去调查是否属实的，但他对你的感激肯定会超乎你的想象。

间接赞扬的另一种方式就是在当事人不在场的时候赞美，这种方式有时比当面赞扬所起的作用更大。一般来说，背后的赞美都能传达到本人，这除了能起到赞美的激励作用外，更能让被赞美者感到你对他的赞美是诚挚的，因而更能加强赞美的效果。所以，作为一名管理者，不要吝惜对下属的赞美，尤其是在上级领导或其他同事面前，恰如其分地夸奖自己的下属，下属一旦间接知道了你的赞美，就会对你心存感激，在感情上也会与你更进一步，你们的沟通也就会更加有效。

（六）不要又奖又罚

作为上级，一般的夸奖似乎很像工作总结，先表扬，然后是“但是”“当然”一类的转折词，这样很可能使原有的夸奖失去作用。应当将表扬、批评分开，不要混为一谈，表扬就是表扬，要批评事后再找合适的机会。

【例 4–25】

表扬还是批评

一位员工自己尝试解决了一个技术问题，兴奋地去向主管报告。主管说："很好，你肯钻研，十分厉害。不过，你前天上班迟到了，这迟到的毛病可是要改改啊。"员工像被浇了一盆冷水，失望地离开了。

（七）及时赞扬

赞扬时要注意及时性，"雨后送伞"的事情不要做。下属某项工作做得好，管理者应及时夸奖，如果拖延数周，时过境迁，迟到的表扬就会失去原有的味道，再也不会令人兴奋与激动，夸奖也就失去了意义。

企业对员工有各种绩效考核及表彰方式，而在各种考核方式中，是否对员工每天好的表现有及时奖励和激励的措施呢?

例如：小王加班清扫客房，工作做得特别好，店长看在眼里，于是便买了罐八宝粥，并亲手递给了小王："小王，今天你辛苦了，作为奖励，我特意跑去买了一罐八宝粥，垫垫肚子"。小王接过这罐八宝粥，心里一定是暖暖的，因为他的工作得到了领导（店长）的肯定与认可。及时奖励和激励，不一定是物质上的奖励，有时，一句肯定的话和一个赞赏的手势，甚至一个苹果、一小包糖果、一张电影票等，都会让员工感受到肯定与激励。

总之，被赞扬是人们的一种心理需要，是对他人敬重的一种表现。恰当地赞扬下属，会给人舒适感，同时也会改善与下属的人际关系。在沟通中，管理者必须掌握赞美他人的技巧。

六、批评下级的技巧

俗话说：金无足赤，人无完人。在饭店沟通活动中，管理者往往会发现下属的缺点和错误，需要及时地加以指正和批评。有人说，赞美如阳光，批评如雨露，二者缺一不可，这是很有哲理的。管理者在与下属的沟通中，既要真诚地赞美，也要中肯地批评。但往往是良药苦口，忠言逆耳。有人认为，批评就是"得罪人"的事。所以有些管理者从不当面指责下属，因为他们不知道如何处理指责下属后彼此的人际关系，因而造成下属不当行为一直无法得到纠正。有些管理者指责下属后，不但没有达到改善彼此关系的目的，反而使下属产生更多的不满。事实上，之所以会产生这样的后果，恐怕还在于管理者在批评他人的时候缺乏一定的技巧。医药技术发展至今，许多良药已经包上了糖衣，早已不苦口了，管理者为什么不能研究一下批评他人的技巧，变成忠言不逆耳呢?

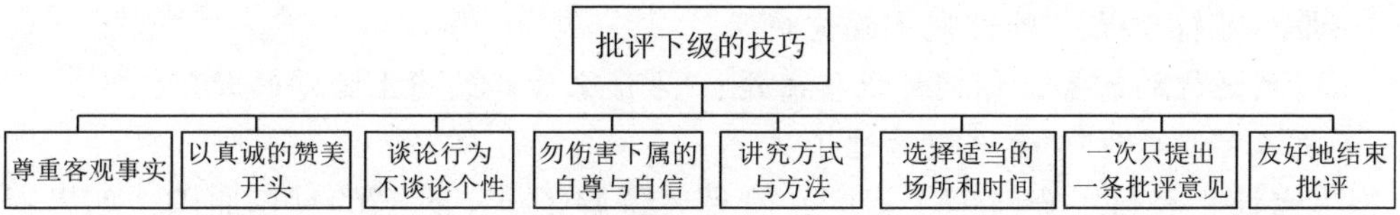

（一）尊重客观事实

批评他人通常是比较严肃的事情，所以在批评的时候一定要客观具体，应该就事论事。

【例 4–26】

一个人都没有

二次世界大战期间，美国太平洋战区司令官布莱德雷有次奉召，要执行一项危险而紧急的任务。于是他立刻召集了手下将士，排成一个长列。

“这次我们的任务既艰巨又危险！”布莱德雷眼光瞟了大家一眼，“愿意冒险担任这项任务的，请向前走两步……”

此时适逢一位参谋给他一项最新的战报，于是布莱德雷和对方耳语了片刻，等到他处理完战报，再面对行列中的众将士时，发现长长的队伍仍是条直线，没有一个人比旁边的人多向前迈出两步。他这时再也按捺不住了，“养兵千日，现在情况紧急，竟然一个人都没有……”

“报告司令！”只见站在最前排的人满脸委屈地说道：“我们每个人都向前跨了两步，所以……”

［**点评**］很多时候，管理者往往在没搞清事实真相时，就不分青红皂白，急着批评下属，等到发现伤害了对方，往往为时已晚。

批评下属是一件严肃的事情，管理者一定要在弄清事实真相后再批评，要避免主观臆断。

【例 4–27】

员工为什么迟到

某天，一位员工上班迟到，管理者可以这样提问：

先问：“你为什么迟到？”

员工可能会回答：“今天堵车很严重。”

这个时候，一定要接着问：“每天都堵车，为什么今天就迟到了？以前为什么不迟到？”

员工可能会说：“今天出来晚了点，所以就赶上堵车了。”

你再问：“为什么你今天出来晚了？”

员工可能会说："昨天晚上睡觉晚了。"

听到这样的回答，你就可以接着说："为什么你昨天晚上睡觉睡晚了？"

员工可能会说："看电视看过了头。"

[**点评**] 经过了连续四个提问，管理者了解了员工迟到的真正原因，如果管理者只问了一两句，根本无法对其迟到的原因做出正确的评判。如果贸然批评，不会起到好的作用。

（二）以真诚的赞美做开头

尺有所短，寸有所长。一个人犯了错误，并不等于他一无是处。所以在批评下属时，如果只提及短处而不提及长处，他就会感到心理上的不平衡，感到委屈。如一名员工平时工作颇有成效，偶尔出了一次质量事故，如果批评他的时候只指责他出的事故，而不肯定他以前的成绩，他可能就会感到以前"白干了"，从而产生抗拒心理。

此外，据心理学研究表明，被批评的人最主要的障碍就是担心批评会伤害自己的面子，损害自己的利益，所以管理者在批评前要打消员工的这个顾虑，让他觉得你认为他"功大于过"，那么他就会主动放弃心理上的抵抗，对你的批评也就更容易接受了。

（三）谈论行为不谈论个性（对事不对人原则）

谈论行为，就是讨论一个人所做的某件事情或者说的某一句话。在工作中，我们发现有些职业人士在沟通的时候严格遵循了这个原则，就事论事地和你沟通，这虽然显得有一丝冷淡，但这恰恰是专业沟通的表现。

说某人"很笨""没能力"常常会导致相反的结果。批评他人，应该就事论事。记住，批评他人，并不是批评对方本人，而是批评他的错误行为，千万不要把对下属错误行为的批评扩大到对下属本人的批评上。

比如说，你作为一名餐厅领班去检查餐具，结果发现一个骨碟上有污斑，而餐厅服务员没有发现，这时应该对其进行批评。你可以说："这些骨碟你没有好好洗。"也可以说："你对工作太不负责任了，骨碟洗得那么脏。"很显然，后一种说法是难以被对方接受的，因为你的话让他很难堪，也许他只是一次无意的过失，却被你上升到了没有责任心的高度，这很可能把他推到你的对立面去，使你们的关系恶化，也很可能导致他在今后的工作中出更多的纰漏。

需掌握的技巧如下：

1. 谈论你观察到的行为，避免谈及你对别人所做事情的主观感受

以员工接电话时语速快为例，试比较：

批评方式 1："小刘，你接电话的方式真是太唐突了，你需要从现在开始接受职业化的训练。"

批评方式 2:“小刘，最近我注意到你讲话的速度相当快，因而，我有些担心客人可能听不清楚你的话。”

2. 讨论员工的行为（所做的事），而不是他们的个性（为人）

以员工摔碎了碟子为例，试比较：

批评方式 1:“小王，你太不小心了！”

批评方式 2:“小王，不要一次拿那么多东西。拿少些，东西就不会掉下来。”

3. 信息明确，避免笼统概括

以希望员工改进提高为例，试比较：

批评方式 1:“我希望对于我们所讨论的这些方面，你能有所改进。”

批评方式 2:“我看到你接待顾客非常热情，我肯定只要你加倍努力，多加练习，你一定能很快胜任接待工作的。”

（四）勿伤害下属的自尊与自信

在沟通中，管理者应该根据不同的人采取不同的批评技巧。但是这些技巧又有一个核心，就是不损害对方的面子，不伤及对方的自尊。批评是为了让下属更好，若伤害了下属的自尊与自信，下属势必很难变得更好。

批评时要运用一些技巧：

“我以前也犯过这种错……”

“每个人都有不愉快的时候，重要的是如何调整。”

“像你这么聪明的人，我实在无法想象你再犯一次同样的错误。”

“你以往的表现都优于一般人，希望你不要再犯同样的错误。”

（五）讲究方式方法

在这个世界上，正如无法找到两片绝对相同的树叶一样，根本不可能找出完全相同的两个人。不同的人由于经历、知识、性格等不同，接受批评的能力和方式也会有很大的区别。很多管理者在与下属的沟通、批评、协调方面，方式单一直接，不仅达不到预期效果，反而使下属产生抵触情绪。

对不同的下属需要不同的沟通技巧。有经验的管理者会针对下属的不同性格、情绪，有的放矢地进行沟通与批评。如对年龄较大、自尊心比较强的下属，要特别注意批评的措辞及场合。

【例 4-28】

“处罚单”能否变个脸?

大部分饭店都有“处罚单”。所有的处罚单，几乎都是清一色的严肃的面孔，一句多余的话都没有。饭店制作处罚单的时候，能否将单子的抬头“处罚单”三字改为“改进单”，再加上一句话，“纠错是为了更好地正确前行”，以减弱处罚对员工心理造成的负面影响？这样的处罚单可能比单纯的严肃的处罚单效果要好得多。改动后加上了富有人情味、文化味、教育性、启迪性非常强的一句话，处罚单的面孔就会立即由严肃、冷酷、无情，变得慈祥、安静、企盼和充满着希望。当员工接到处罚的时候，看到了这句话，心理上会发生一系列的变化，由本能的反感、抵触、反抗到理解、接受，最后改正错误。

[**点评**] 处罚本是反面的教育，改为“改进”就变成了正面教育，鼓励员工改正错误，激励员工向正确的方向前行。在处罚单上做一个小小的改进，效果大为改观，这就是沟通的艺术。

【例 4–29】

换一种方法，效果果然不同

某家建筑公司的安全检查员负责检查工地上的工人有没有戴安全帽。每当有工人在工作时不戴安全帽，他便会用工作权威要求工人改正。其结果是，受指正的工人常显得很不高兴，而且等他一离开，就又把帽子拿掉。

后来，检查员决定改变方式。有工人不戴安全帽时，他便问是否帽子戴起来不舒服，或是帽子尺寸不合适。并且用愉快的声调提醒工人戴安全帽的重要性，然后要求他们在工作时最好戴上安全帽。这样的效果果然比以前好得多，也没有工人不高兴了。

（六）选择适当的场所、恰当的时间

俗话说：树要皮，人要脸。人们在做错事后，普遍有这样一种心理，即不希望别人知道，所以批评下属时最好选在单独的场合。独立的办公室、安静的会议室、午餐后的休息室等都是不错的选择。尽量不要当着众人面批评下属。

此外，对错误要及时惩罚、批评，否则事过境迁效果会大打折扣。如北京某五星级饭店实行“现奖现罚”，一般的奖惩当天或第二天就实行，取得了良好的激励效果。

在批评时间的选择上，许多管理者习惯一上班就批评下属，其实这是一种非常不可取的做法。试想，如果你兴冲冲从家中赶到单位，一来上班就看上级的脸色、听上级的训斥，再去干活能有好心情吗？恐怕一整天你都会感到郁闷、情绪低落。管理者要谨记，如果不是迫不得已，应尽量避免在刚上班时就去批评下属，最好选择在下属下班时。挨了批评，没有哪个人会高兴的。下班挨了批评，员工发泄的渠道比较多，也容易发泄，如与亲朋好友聊聊天、打打球、散散心，年轻的女员工经常会到超市买零食，一边走一边吃，走回家，气就消了。

【例 4–30】

下次再说

一位表演大师马上要上场，弟子告诉他鞋带松了。大师点头致谢，蹲下来仔细系好。等弟子转身，大师又蹲下来将鞋带松开。

有个旁观者看到了这一切，不解地问："大师，您为什么又要将鞋带松开呢？"

大师回答道："因为我饰演的是一位劳累的旅者，长途跋涉让他的鞋带松开，可以通过这个细节表现他的劳累与憔悴。"

"那您为什么不直接告诉您的弟子呢？"

"他能细心地发现我的鞋带松了，并且热心地告诉我，我一定要保护他的这种热情，及时给他鼓励。"

（七）一次只提出一个批评意见

批评应该就事论事，有些管理者批评员工时，喜欢将平时对员工的不满、意见一股脑儿倾泻出来，还有些会旧事重提翻老账，导致员工产生非常严重的抵触情绪。英国行为学家 L.W. 波特指出一个定理：当遭受许多批评时，下级往往只记住开头的一些，其余就不听了，因为他们忙于思索论据来反驳开头的批评。

【例 4–31】

一张处罚单

有家饭店的楼层领班查一间房花了 10 多分钟，查出墙角地毯上有少许浮灰、纯净水托盘上有少许水迹、卫生间地面上有少许短发等 10 多条问题，丢下一张处罚单走了。

[**点评**] 类似这样的沟通方式，当事员工恐难心服，也难以真正起到教育整改的目的。对于清扫员工作中的问题，当班领班需要及时指出，帮助员工纠正，而不是简单的一张罚单了事。

（八）友好地结束批评

正面批评下属，对方或多或少会感到有一定的压力。如果一次批评弄得不欢而散，对方一定会增加精神负担，产生消极情绪甚至是对抗情绪，这会为以后的沟通带来障碍。所以，每次的批评都应尽量在友好的气氛中结束，这样才能彻底解决问题。在会见结束时，管理者不应该以"今后不许再犯"这样的话作为警告，而应该对对方表示鼓励，提出充满感情的希望，比如说："我想你会做得更好"或者"我相信你"，并报以微笑。让下属把这次见面的回忆当成是你对他的鼓励而不是一次意外的打击，帮助他打消顾虑，增强改正错误、做好工作的信心。

大多数员工都想把工作做好，很难想象员工会说："我不行，我希望失败。"人都会犯错误，一些员工只是需要额外的帮助而已。作为管理者要慎用批评。

卡耐基曾指出，为人处世基本技巧的第一条就是"不要过分批评、指责和抱怨"，第二条是"表现真诚的赞扬和欣赏"。总盯着下属的失误，是一个管理者的最大失误。俗话说：良药苦口，忠言逆耳。"一句鼓励的话，可以改变一个人的观念与行为，甚至改变一个人的命运；一句负面的话，可以刺伤一个人的心灵与身体，甚至毁灭一个人的未来。"

【小资料 1】

保龄球效应

两名保龄球教练分别训练各自的队员。他们的队员都是一球打倒了 7 只瓶。教练甲对自己的队员说："很好！打倒了 7 只。"他的队员听了教练的赞扬很受鼓舞，心里想，下次一定再加把劲，把剩下的 3 只也打倒。教练乙则对他的队员说："怎么搞的，还有 3 只没打倒！"队员听了教练的指责，心里很不服气，暗想，你咋就看不见我已经打倒的那 7 只呢。结果，教练甲训练的队员成绩不断上升，教练乙训练的队员打得一次不如一次。

[**点评**] 用好赞赏的技巧，关键是要把注意力集中到被球击倒的那 7 只瓶上，别老惦记没击倒的那 3 只瓶。

【小资料 2】

赞扬与批评的黄金比例——5.6 : 1

如何才能更好地提升团队业绩？在团队做得好的时候，给出积极反馈；在他们出岔子的时候，给出建设性意见。

研究显示，这是个两难的很棘手的问题。你或许凭直觉就能感到，这两者都很重要。但真正的问题在于，如何把握二者的"尺度"？

有学者监测了一家大型信息处理企业中 60 个战略业务单元的团队领导力效率，主要考察的是财务业绩、客户满意度以及对团队成员的 360 度反馈评价。

研究发现，决定一个团队成功与否的因素是参与者彼此间积极评论与消极评论的比例。说得具体点儿，就是类似于"我同意这一点"或"这真是一个绝妙的想法"的正面评价，与"我不同意你的观点"或"这种想法不值得一提"这种负面评价的比值。

结果显示，业绩最佳的团队，成员间赞扬与批评的平均比例是 5.6 : 1，即约 6 条积极评论比 1 条消极评论；居于中间的团队比例为 1.9 : 1，积极评论几乎是消极评论的两倍；而表现最差的团队的平均比例是0.36 : 1，也就是说，几乎每出现一条积极评论都会伴随着3条消极评论。

可见，管理者们应该多注意积极评论和消极评论的比例问题，争取让自己的下属都能取得最佳业绩。

典型案例

有一位员工最近家中可能有些事情发生，已经连续两天迟到，而且迟到时间都超过10分钟。第三天他又迟到了。主管立即把这个员工叫到办公室，不听员工任何解释，就开始用一种斥责式的口吻批评道："哎呀！你看你又迟到了，你怎么天天迟到？你这个迟到大王！你这样迟到还干什么活？"甚至还语带威胁，"你如果再迟到一次，你看着吧，说不定把你开除掉。"

【案例评析】

不听下属解释、不分青红皂白，狂轰滥炸式地批评下属，可以想象得到，员工会是怎么样的一种反应。他肯定气呼呼地走出办公室，说不定"啪"地把门关上。等回到岗位上，他会把抽屉"嘭"地拉出来。左邻右舍都会感受到这个员工真的很不高兴，可能会来问他，到底发生了什么事？他会告诉大家，他只不过迟到了两三次，主管却说他天天迟到。天天迟到跟迟到两三次根本不是一回事！这种防卫性的沟通，产生的一个后果就是恶性循环——员工不见得会改进工作，即使改进了工作也是在心不甘情不愿的情况之下改进的。

如果换成沟通技巧比较高的主管，他要做的是支持性的沟通。他会私下请这个员工到办公室，然后询问他最近家里有些什么事，为什么昨天迟到，前天也迟到？已经迟到第三次了。有没有什么地方可以帮忙的？尊重员工了解员工，与之坦诚相待，相信员工一定会从内心改善工作，甚至告诉你孩子生病了，或是家里出了什么事了，他会很快正常工作。

问答题

1. 分析你自己及周围的同事，在与下属沟通时存在哪些问题？如何克服这些问题？

2. 设计一份专项调查表，了解下属的个人需求。

3. 分别举一个向下沟通成功和失败的案例并作分析。

4. 什么是交叉培训，为自己的岗位设计一份交叉培训计划。

5. 不少饭店管理者挂在嘴边的一句话是：做得好不表扬是应该的，做得不好挨批评是应该的。你认为这句话有道理吗？说说理由。

自测题

1. 请在属于行为叙述式的句子前标明“行为”，在属于个性叙述式的句子前标明“个性”并改写为行为叙述式。

行为	个性	
□	□	（1）下一次这里要抹干净。
□	□	（2）请你以后干活小心一点。
□	□	（3）你不适合在前台接待顾客。
□	□	（4）你的工作态度很不好，昨天你又迟到了。
□	□	（5）你怎么那么笨！怎么教都教不会的。
□	□	（6）下次盘点物品时要更小心些。
□	□	（7）你总是说别人的缺点！
□	□	（8）你干活时怎么总是丢三落四的。

2. 请回想一下你在表扬或批评下属时是否有以下行为：

□ 你常常赞美你的下属吗？

□ 你对下属的赞美是发自内心的吗？

□ 你能针对下属的具体行为及时加以赞美吗？

□ 你喜欢当众赞美或批评你的下属吗？

□ 当下属不在场的时候，你还会赞美他吗？

□ 你常常因为害怕影响与下属的关系而不愿意当面批评他（她）吗？

□ 你的批评常常令你的下属难堪吗？

□ 你在批评下属的时候能做到对事不对人吗？

参考答案：是；是；是；否；是；否；否；是

如果你的答案正确率在80%以上，那么恭喜你，你已经很好地掌握了赞美和批评部下的方法，你和他们的沟通应该是很融洽的；如果你的答案正确率在50%以下，那么建议你努力改善与部下之间的沟通方法。

3. 回答以下问题，如果你的答案是否定的，请写出你的改进计划。

（1）你在赞扬下属时方法是否得当？

赞扬下属的要点	是√　否×	改进计划
赞扬的态度真诚		
赞扬的内容具体		
赞扬的场合适当		
适当运用间接赞美的技巧		

（2）你在批评下属时方法是否得当？

批评下属的要点	是√　否×	改进计划
在友好、愉悦的气氛中开始谈话		
对事不对人，尊重客观事实		
不伤害部下的自尊与自信		
友好地结束批评		
选择适当的场所、时间		

阅读回答

阅读以下员工与糟糕的管理者共事经历的叙述，然后回答问题：

例 1:“几年前，我在一名‘铁腕’主管手下工作。在那里的工作痛苦不堪，以至于我连上班都不想去，更不要说在那儿做什么事情了。每逢周一，她就会批评上周某个人的工作，下一个星期，又会轮到别的什么人。”

例 2:“我碰到的最差的上司是个小心眼、毫无远见、凡事求稳的人。他从来不会尝试任何新的东西，因而显得知之甚少。如果情况不妙，他从来不会站出来为你讲话。”

例 3:“一天，我正在工作，后背和左半边开始痛起来。我去找人帮忙，他们把我送到医务室，医生说我神经疲倦。当我告诉我的领班这件事，他只说了一句话:‘我想你现在什么也干不了了，是吗？’”

例 4:“我的上司在让我做新工作时从来没有给我任何指导，为了赶房间，我每天都要加班加点，甚至在星期六的那天工作了 11 个小时。而我的上司却要求我在星期天继续加班，我没有答应他，他因此对我很不满。”

问题：

1. 分析上述案例中管理者们存在的问题。
2. 你认为这些管理者对员工的绩效有何影响？
3. 上述四个案例给我们什么启示？

案例分析

你的一名女下属工作热情和效率一直都很高，每次都能圆满地完成工作指标，你对她的工作十分放心，监督力度越来越小。最近你给她分配了一项新的工作，认为她完全有能力胜任这项工作。但她的工作情况却令人失望，而且还经常请病假，占用了很多工作时间，你该怎么办？

1. 明确地告诉她去做什么，并密切注视她的工作。

2. 告诉她去做什么，怎样去做，并设法查明问题出在哪里。
3. 安慰她，帮她解决问题。
4. 让她自己找出应对新工作的方法。

自我测试

评价标准：

非常不同意 / 非常不符合（1 分）　　不同意 / 不符合（2 分）
比较不同意 / 比较不符合（3 分）　　比较同意 / 比较符合（4 分）
同意 / 符合（5 分）　　非常同意 / 非常符合（6 分）

问题：

1. 能根据不同下属的特点提供合适的建议或指导。
2. 我劝告下属时，更注重帮助他们反思自身存在的问题。
3. 我给下属提供反馈意见甚至是逆耳的意见时，能坚持诚实的态度。
4. 我与下属讨论问题时，始终就事论事，而非针对个人。
5. 我批评或指出下属的不足时，能以客观的标准为基础。
6. 我纠正下属的行为后，我们的关系常能得到加强。
7. 在我与下属沟通时，我会激发出对方的自我价值和自尊意识。
8. 即使我并不赞同，我也能对下属的观点表现出感兴趣。
9. 我不会对比我权力小的下属表现出高人一等的姿态。
10. 在和与自己有不同观点的下属讨论时，我将努力找出双方的共同点。
11. 我的反馈是明确而直接指向问题关键的，避免泛泛而谈或含混不清。
12. 我能以平等的方式与对方沟通，避免在交谈中让对方感到被动。
13. 我以“我认为”而不是“他们认为”的方式表示对自己的观点负责。
14. 讨论问题时，我通常更关注自己对问题的理解，而不是直接提建议。
15. 我有意识地与下属进行定期或不定期的私人会谈。

自我评价：

如果你的总分是：

80~90 分　你具有优秀的沟通技能。
70~79 分　你略高于平均水平，有些地方尚需提高。
70 分以下　你需要严格地训练沟通技巧。

选择得分最低的 6 项，作为学习提高的重点。

单元五

管理者与上级的沟通

学习目标

沟通如流水，向下容易向上难。本单元的学习，将有助于督导与其上级建立并发展良好的上下级关系。

学习内容

◆与上级沟通的障碍
◆与上级沟通的要诀
◆向上级汇报工作的方法
◆向上级提意见的技巧

向上沟通常见问题：
（1）对上级了解不够
（2）报喜不报忧（信息的甜蜜化）
（3）心理有障碍
（4）服从性不强
（5）表达能力欠佳

一、了解上级的需求与个性

（一）了解上级的需求

表 5–1　上级需求与下级沟通行为表

上级需求	下级沟通行为
1. 支持	尽责，尤其在上级弱项处给予支持
2. 执行指令	聆听、询问、响应、行动
3. 了解下属情况	定期汇报工作、思想情况
4. 为上级分忧	理解上级、敢挑重担
5. 提供信息	及时给予反馈、沟通信息

无论上级是什么样的个性，在沟通上，他们有一些需求是共性的。作为下属，需要理解并将其运用在与上级的沟通行为中。

【例 5–1】

买土豆的故事

小王和小李同时受雇于一家公司，拿同样的薪水。一段时间后，小王青云直上，小李却原地踏步。小李想不通，经理为何厚此薄彼？

经理于是说："小李，你现在到集市上去一下，看看今天早上有卖土豆的吗？"一会儿，小李回来汇报："只有一个农民拉了一车土豆在卖。"

"有多少？"经理又问。

小李没有问过，于是赶紧又跑到集上，然后回来告诉经理："一共 40 袋土豆。"

"价格呢？"

"您没有叫我打听价格。"小李委屈地申明。

经理又把小王叫来："小王，你现在到集市上去一下，看看今天早上有卖土豆的吗？"

小王很快就从集市上回来了，他一口气向经理汇报说："今天集市上只有一个农民卖土豆，一共 5 袋，价格是 1 元钱 1 斤。我看了一下，这些土豆的质量不错，价格也便宜，于是顺便带回来一个让您看看。"

小王边说边从提包里拿出土豆，"我想这么便宜的土豆一定可以挣钱，根据我们以往的销量，5 袋土豆在 1 个星期左右就可以全部卖掉。而且，咱们全部买下还可以再适当优惠。所以，我把那个农民也带来了，他现在正在外面等您回话呢……"

[**点评**] 在企业的日常工作中，很多时候管理者都会认为按时按量将上级安排的工作完成就够了，有时，下属也会去思考怎么完善自己的工作，怎么把自己的工作做得更好，但总是会因为遇到的一些困难，或因为懒惰而忘了去执行。然而，作为一个具备责任心和主动性的人，管理者都应该在执行上级指示的同时发挥自己的主观能动性，努力将自己的工作做到更好。

（二）了解上级的个性

上级固然是领导，但他首先是一个人。作为一个人，他有他的性格、爱好，也有他的语言习惯等。如有些上级性格爽快、干脆；有些上级则沉默寡言，事事多加思考。有些上级喜欢书面汇报，有些则喜欢听口头汇报。诸如此类，下属必须了解清楚，不要认为这是"迎合"，这正是运用心理学的一门学问。

1. 怀疑型

有些上级整天怀疑自己的下属偷懒不干活，时常窥视下属的一举一动。对付这类上级最好的办法是经常向他汇报，多和他交流，明确告诉他你干了什么、结果如何，以使他放心；有些上级精力过剩，热衷事业，但对下属很苛刻，碰到这种工作狂，最佳对策是甘拜下风，不断向他请教，使他感到你在他的英明领导下努力工作，这样反而可以得到他的赏识。

2. 能力欠缺型

一些上级自己的能力不强，总是担心下属会超过他，抢了他的位置。这时下属就要收敛起自己的锋芒，做到谦虚谨慎，这样自然会博得上级的信任和赏识，以消除上级的戒心。平时要经常向上级请示汇报，不擅自做主，特别是一些决策性的工作，要等上级表态。另外，不要总是把眼光盯在上级的不足上，应该去尝试发现上级的闪光点，因为职场比拼的是综合素质，而不是专项技能。

3. 严谨型

有的上级非常严谨，当他总是批评你、谈及你的过失时，其实也是对你的留意和关心。这时下属要听得进去，如先要培养自己的耐心，面对上级的批评，应虚心接纳并积极地去解决问题，争取给上级一个好印象。如果你的上级是一个非常冷静的人，他不会大笑大闹，而是始终保持常态。与这样的上级沟通就应该尽量保持和上级相同的风格。

4. 权威型

当你的上级是一个权威型的人时，这时下属不能自卑，要拿出最慎重和一丝不苟的态度和良好的专业素质，在工作的过程中，要展示自己的才华和智慧，使出浑身解数，赢得主动、赢得利益、赢得所有人的称赞。一项工作结束后，如果上级问你：“你在工作上还有什么理想？”千万别直接说：“我想升职。”但可以不失时机地给上级一个暗示：“如果有更多的挑战，我会有更多的创造空间。”这样，等待你的肯定是另有重用。

【例 5–2】

机会只给准备好的人

A 在合资公司做白领，觉得自己满腔抱负没有得到上级的赏识，经常想：如果有一天能见到老总，有机会展示一下自己的才干就好了！

A 的同事 B，也有同样的想法，他更进一步，去打听老总上下班的时间，算好老总大概会在何时进电梯，他也在这个时候去乘电梯，希望能遇到老总，有机会打个招呼。

他们的同事 C 更进一步。他详细了解老总的奋斗历程，弄清老总毕业的学校、人际风格、关心的问题，精心设计了几句简单却有分量的开场白，在老总上下班的时间去乘坐电梯，跟老总打过几次招呼后，终于有一天跟老总就公司转型的问题长谈了一次，不久就争取到了更好的职位。

［**点评**］愚者错失机会，智者善抓机会，成功者创造机会。机会只给准备好的人，这准备两字，并非说说而已。

二、接受上级指示要则

我们在日常工作中，会经常收到来自上级的工作指令，接受上级指示时应注意以下几点：

1. 注意倾听

在上级下达指示时，应认真倾听，听清上级指示的重点。不能随便插话，打断上级的讲话。

2. 明了上级意图和工作重点

倾听时，可用传统的 5W2H 的方法来快速记录工作要点，即弄清楚上级指令的时间（When）、地点（Where）、执行者（Who）、为了什么目的（Why）、需要做什么工作（What）、怎样去做（How）、需要多少工作量（How many）。

3. 进行恰当的反馈

为避免理解上出现差错，在接受上级的指示后应进行恰当的反馈，用最有效的方式与上级就重要问题进行确认，如“您的要求是……”“今天晚餐有 80 人会议的自助餐，下午 5 点前准备好……”

4. 接受指示

既然是接受指示，就应当首先将指示接受下来。即使有什么问题，也不要急于进行反驳，避免进行讨论和争辩。除非得到上级的认同，否则不要在这种场合与上级进行讨论和争辩。

三、学会服从

在一部分人的概念中，服从就是“对的就服从，不对的就不服从”。其实，这种说法存在判断标准上的错误。这种观念无异于宣告你比你的上级更具有判断力，而你使用的判断标准其实就是你自己的标准，而不是上级的标准。反过来说，如果以你的标准为准，也就等于承认你的判断力比你的上级还好，所以上级的判断不算数，要以你的判断为准，自然得出这样的结论：“对的就服从，不对的就不服从。”实际却不然。

检讨一下，我们是否经常听到别人或自己如是说：

“如果不是路上车堵，我不会迟到的。”

“我没有在规定的时间里把事做完，是因为……”

“我没学过。”

“我没有那么多的时间。”

“现在是休息时间，半小时后你再来电话吧。”

“我哪有那么多精力。”

“我没办法这么做。”

“这事与我无关。”

“这几天我很忙，我尽快做。”

“我们以前从没那么做过。”

“那个客人太挑剔了，我无法满足他。”

……

在每一个借口的背后，都隐藏着丰富的潜台词，只是很多时候人们不好意思或者根本就不愿意说出来。借口实际上是逃避困难和责任的一种典型表现。

【例 5–3】

服从没有借口

巴顿将军在他的战争回忆录《我所知道的战争》中曾写到这样一个细节：

“我要提拔人时常常把所有的候选人排到一起，给他们提一个我想要他们解决的问题。我说：‘伙计们，我要在仓库后面挖一条战壕，8 英尺长，3 英尺宽，6 英寸深。’我就告诉他们那么多。我有一个带后窗户的仓库。候选人正在检查工具时，我走进仓库，通过窗户观察他们。我看到伙计们把锹和镐都放到仓库后面的地上。他们休息几分钟后开始议论我为什么要他们挖这么浅的战壕。他们有的说 6 英寸深还不够当火炮掩体。其他人争论说，这样的战壕太热或太冷。如果伙计们是军官，他们会抱怨他们不该干挖战壕这么普通的体力劳动。最后，有个伙计对别人下命令：‘让我们把战壕挖好后离开这里吧。那个老畜生想用战壕干什么都没关系。’”最后，巴顿写道：“那个伙计得到了提拔。我必须挑选不找任何借口地完成任务的人。”

1. 服从面前没有面子

服从要强调的第一点就是——服从面前没有面子。面对上级，下级的理由要少一点，行动要多一些。在工作中经常会遇到这种情况，当我们接受一项工作任务的时候，不是马上跑去把事情做了，而是先要想一想，要让交代任务的人先走开，似乎是要留下一段时间让自己想想。其实，我们这样做的主要原因就是好面子。这种情况在部队里决不会出现，部队里说立正就立正，向右转就右转。一个命令下去，第一时间就要展开行动。

2. 服从要直截了当

服从还要直截了当。在工作中，需要直截了当的、没有阻力的任务传递过程，这是一个非常重要的参数或者指标，是沟通效能、管理效能高的体现。服从是直截了当的，是持开明和接纳态度的。当上级向你交代工作，而你讲出许多理由的时候，这只是表明你对上级的交代持保留态度——这显然是不可取的，而只有服从才是最谦虚、最直截了当的。

3. 先接受再沟通

先接受再沟通也是服从上级指示的一个要求。这个要求主要针对那些马上推辞命令的人。当领导在会议上宣布一项工作或者安排工作的时候，如果你马上就列出一大堆理由证明你有多大的困难，这个时候的你必然是不受欢迎的。这不是一种好习惯，任何上级都不会喜欢这样的人。

比较好的做法是不管你觉得有多大的困难，先把分配给你的任务接受下来。如果真有什么困难，可以在会后与上级沟通。

4. 马上按指令行动

马上按指令行动体现的是一种服从的精神。就像军队里的士兵一样，人随命令而行，不能有一时一刻的延误。比如，经理责备你一张报表都会写错，你应该马上承认错误并且马上改正错误，这就叫“马上按指令行动”。

总之，服从对任何组织来说都是至关重要的。没有服从就没有领导，一个优秀的员工从不在工作中寻找任何借口，他们总是出色地完成上级安排的任务，替上级解决问题。他们总是把每一项工作尽力做到超出客人的预期，最大限度地满足客人的要求，而不是寻找各种借口推诿。

四、及时复命

及时复命，是指下级执行上级下达的任何命令时，不管完成与否，都要在规定时间内向上级回复；完成任务后，下级需及时向上级汇报。如果下级在执行任务时发现有不可克服的困难或阻力，无法按时、按标准完成规定的任务，也要立即向上级复命，并讲清不能完成任务的原因。上级根据情况撤销原命令或更改命令的内容。复命的时间一般不超过 8 个小时。

及时复命制的核心是有命必复，只要事情布置下去，就必须复命。

8 小时复命制并不是指 8 个小时内完成任务，而是上级布置一项工作时，下级若不提出异议，就要按时完成，并在完成工作的 8 小时内给上级答复。若在执行工作的过程中遇到突发、意外事件，应在 8 小时内汇报；若在做工作的过程中遇到困难，也应在 8 小时内汇报，以便领导及时调动人力、物力、财力，协助克服困难，使工作顺利完成。不能在没按时完成工作时再提出种种理由，这时已经违背了 8 小时复命制的核心原则。

而有些员工喜欢独立完成工作，在执行工作的过程中几乎不跟上级沟通，结果常与上级的意图发生偏差，甚至造成严重失误。

其实，不主动汇报自己的工作，反而会让上级心中产生这样的疑虑：下属每天好像都很忙，但他到底在忙些什么呢？

做下属的一定要主动报告自己的工作进度，不要因为前面工作的一点小错误，发展到后面铸成大错，造成不可弥补的损失。

管理学上有一句名言：下属对我们的报告永远少于我们的期望。可见，上级都是希望从下属那里得到更多的报告的。因此，做下属的越早养成这个习惯越好。

【例 5–4】

及时复命

某饭店人力资源部陈经理吩咐其秘书准备一份材料，第二天开例会时要用。到了第二天，各部门经理都到了会议室，陈经理就问秘书："你准备的材料呢？"秘书迟疑了一会儿，轻声说："哦，不好意思！昨天小张出去了，来不及向他要相关数据，材料还没准备好。"陈经理很生气："你怎么搞的，为什么不早点跟我说，你让我这个例会怎么开！"

［**点评**］与例子中类似的情况经常在企业上演：上级下达任务，下属完成任务后并没有立即复命，导致上级无法及时了解工作进度；员工在接到任务时，并没有竭尽全力去执行，最后无法交差，不得不浑水摸鱼，企图蒙混过关；有的完不成任务也去复命，带着问题向上级汇报，把皮球重新踢给上级……

复命制的核心是"有命必复，使命必达"。首先，事情做成了，要复命；半途遇上问题做不成，更要复命，而不是等上级询问时，才被动地回复我没有做、我做不了之类的话。其次，还要有"使命必达"的复命理念，对上级下达的任务要全力以赴，克服一切困难去完成目标，然后将结果回复给上级。

【例 5–5】

凡事有交代，件件有着落，事事有回音

"凡事有交代，件件有着落，事事有回音。"无论做什么事情都要有始有终。

1. 约定时间内反馈

别人发起的活动，在一定时间内，不管我们完成得如何，都要认真反馈，做每件事情或者工作都要有这种思维，这叫闭环思维。如果上级交代了一件事，作为下属，应该竭尽全力去完成，最后不管完成的质量如何，都应该在约定的时间内给领导一个反馈。

比如，某饭店人力资源部王经理要求领班小李在一周内撰写一个培训方案，作为下属，可能需要和经理对方案的内容和要求进行沟通，达成共识。后续还要进行大量调研，然后撰写符合上级要求的培训方案，通过 OA 系统发给王经理。

过了几天，王经理问小李：方案写好了吗？小李一脸无辜地说：经理，我已经发给你了。

此时我们可能突然意识到了，把方案发给上级并不是这件事的目标，而应该通过口头或者电话方式告知上级方案已发，并征询上级对方案的解读和修改意见。

在这个案例中，王经理也许没有意识到闭环思维，但他肯定觉得下属在工作中缺了点什么。甚至他都无法直接批评小李，因为小李确实把方案发给他了，但是，王经理无意识中会对下属的信任度打点折扣。

2. 及时沟通，做好阶段性反馈

很多时候，上级交办或者是答应别人的事可能需要一个较长周期才能完成。中间过程需要怎么办？与其等着上级想起来问进度，不如自己阶段性地向领导汇报，这样在上级心里会留下“积极主动”的好印象。

从本质来看，闭环思维强调的不仅仅是责任心，它更强调团队配合和人际敏感性。完成事情本身固然重要，但我们心里更要装着与此相关的人。能够洞察到相关者在每个阶段对事物的关注程度和相关诉求，尤其是在事情结束时能够给对方一个答复，让其也在这件事上闭环。

五、向上级汇报工作

怎么向上级汇报工作？

向上级汇报工作，并不是找到上级陈述就可以了，它有一定的技巧。只有掌握了汇报的技巧，才能给我们的工作锦上添花。

1. 开门见山，先说结论

一般来说，上级都比较忙，没有时间听下属的长篇大论。如果你的汇报过于冗长，很可能会引起领导的反感，这样就会得不偿失。所以你要先说结果，而不是去描述过程。如最好这样汇报工作：“经理，我联系的那个大客户已经顺利地与我们签订合同了。”

2. 精练地说，突出重点

如果上级感兴趣或时间允许，可以挑精彩的部分陈述。如：“我去那个大客户下榻的酒店，一共去拜访了 6 次，那个客户终于被我的诚心感动了。”

3. 及时汇报，建立互信

向上汇报工作也具有时效性，及时汇报才能发挥效力。当我们完成了一件棘手的任务，或者解决了一个疑难问题时，这时马上去找领导汇报所产生的效果比较好。主动及时地向上级汇报，可以让上级主动及时地对我们的工作予以指导，帮助我们更为顺利地完成工作。

需要注意的是：在汇报工作时，如果用“大概”“差不多”“应该是”这样的字眼，会给上级造成“工作不到位”的印象，而如果使用具体的数据，并告诉上级这些数据的“出处”（财务部提供等），这样的汇报就更有说服力。

【例 5-6】

可量化思维

某企业，甲与乙一起被派去参加一个论坛，回来经理问，会开得怎么样啊？

甲说：挺好的，来了好几个大咖，有谁谁谁，还有谁谁谁，其中某某的观点特别有启发，另外竞争对手也来了几个，比如谁谁，我了解了一下他们最近人事有变动……

甲讲了一大堆话，经理说，“哦，还不错！”

乙是这样回答的：在咱们排名前10的客户中，这次来了8位总监，分别是谁谁谁……其中有6位的发言，都谈到咱们公司最重要的创新点，可见我们对客户需求还是有前瞻性的。中间茶歇的时候，我与7位客户做了交流，对于客户比较关心的问题，记录了5个要点，全部是售后问题排名前10里面的，建议公司加强关注；如果按照上半年市场的遭遇次数排名，5大主要竞争对手都来了，A公司和B公司都是总监级别，所以下半年多半也是和这5家竞争，咱们得早作准备……

经理一边听，一边微笑点头。甲与乙的汇报水平谁高谁低，谁的思路更清晰、更有条理，已经不言而喻。

［**点评**］为什么可量化汇报工作如此重要？这是因为，第一，人们天生对数字敏感。我们说“最近的市场份额我们占压倒性优势”，远不及说“我们的占有率为80.7%，另外两家只能瓜分剩下的19.3%”让人印象深刻。第二，数字更具有说服力。第三，只有可量化，才能满足企业对确定性的需要。“大概”“差不多有”“应该是”这样不确定的用词太笼统模糊。

六、正确看待上级的批评

古人云：“人非圣贤，孰能无过？”任何人都有可能无意或有意地犯错误。作为工作在一线的管理者，每天事务烦琐，工作中出现差错是在所难免的；出现差错而被上级批评，是经常发生的事情。虽然良药苦口利于病，忠言逆耳利于行，但多数人是很难持积极的态度对待批评的。美国学者戴尔·卡耐基通过多年的观察、研究，发现任何教训、指责都会使人感到伤了自尊而处于自我防卫状态，并且往往会激起极大的反感，促使其竭力为自己辩解。可以说，闻过则喜者少。喜表扬、恶批评，是一种普遍存在的心理现象。那么，一个明智的领导者应当怎样对待上级的批评呢？

1. 强化组织观念

在组织系统中，上级对下属有着法定的监督、控制、指导等权力。当下属出现与组织的统一运作相背离或不协调、有误差的行为时，上级有责任对其进行批评指正，这是毋庸置疑的。如果任其所为，那就是失职，该上级就会因此而受到更上一级领导的批评、惩处。所以说，上级是在履行职责，是对事不对人。作为下属应当具有这种起码的组织观念，被批评时，不应有上级故意找碴儿、跟自己过不去的想法。这种想法不但于改正错误无益，还会形成抵触情绪，影响与上级的正常工作关系和感情。

2. 进行换位思考

当上级批评自己时，如果感到难以接受，这时换个位置，设身处地地从上级的角度考虑一下：如果我是领导，会怎样对待犯了这种错误的下属？能够听之任之吗？换位思考，往往就会心平气和，就会正视自己的缺点错误。如果我们只是局限于从自我的角度考虑问题，常常会感情用事，陷入狭隘、偏执、片面的泥潭而难以自拔。实际上，对于许多问题的思考，适时转换思维角度，会进入别有洞天、豁然开朗的境界。

3. 不要过于计较上级的批评方式

正如英国学者帕金森所说："即使在私下，不破坏和谐融洽气氛与亲密合作的批评都是很难做到的。"批评确实是件不容易掌握的事情，既要使对方认识到错误的危害性，又要做到不伤其自尊，欣然接受，还要以此增进双方的信任感，往往很难同时做到这一切。由于每个上级的工作方法、修养水平、情感特征各不相同，对同一个问题的批评方式就会表现出明显的差异。和风细雨式的批评，往往容易接受；而疾风骤雨式的批评，就让人难以忍受。然而作为下级，不可能去左右上级的态度和做法。应当认识到，只要上级的出发点是好的，是为了工作、为了大局、为了避免不良影响，以免造成更大的损失，为了帮助教育自己，哪怕是态度生硬一些、言辞过激一些、方式欠妥一些，作为下级也要适当给予理解和体谅。

4. 不推卸责任

有了错误，给工作造成了损失，不从自身找原因，强调客观因素，极力推诿，是最为愚蠢的做法。有些员工一开始就急于为自己辩白、解脱，结果会适得其反，给人以避重就轻、逃避责任的印象。妥善的做法是：接受批评，并积极着手解决造成的不良后果。待上级进一步调查原因时，认真配合，逐步搞清真相。这样，你该承担什么责任，他人该承担什么责任，什么是客观不可避免因素，终会有个公正的结论。要知道，任何问题的处理都要有个过程，应当学会耐心等待，否则，往往是欲速不达。

【例 5–7】

吉田教授的最后一堂课

20 世纪 80 年代，日本经济一片繁荣，企业争相预约毕业生。出自名校的学生有两三家公司待挑选是常事。日本的上智大学，讲授社会学的吉田教授在最后一堂课对即将出征的属下做最后的叮咛。

吉田教授开口说道："恭喜各位已经在日本一流企业找到很好的工作。各位都是顶尖学校的学生，初入社会时，难免遇到一些能力不如各位的同事，却偏偏是各位的顶头上司。工作难免会犯错，难免会挨上司的骂。但请各位牢牢记住：挨骂的时候，无论对错都不要辩解。各位尽管立正站好，头愈低愈好，不断点头，大声说：'是的，谢谢指正！''是的，非常抱歉，今后改进……'"

学生中有人打断教授的话，问道："如果自己没有错，还要这么低声下气吗？"吉田教授笑着回答："各位想想，如果真的不是自己的错，怒气中的上司也听不进任何解释，到最后，事情也会转变成'态度不好'的错，这样只会加深事态的严重性。""想想看，怒气中的上司，听得进几句辩解？而如果真的不是各位的错，辩解的结果证明是上司的错，如此，公然让上司难堪，对各位也没有多大好处。事后，等上司气消了，或在适当的时机再跟上司说明：'其实上一次……'上司了解之后，内心必然会想：'骂错了，还能如此虚心受教。这是老到的人员才做得到的，又没有让我公然难堪，跟我辩驳。等于欠你一次情，好小子。'上司自然会找机会设法补偿的，各位不必担心被误会，努力工作，时间将会证明一切的。"

5. 知错即改，力戒消沉

从错误、失败中吸取教训，及时改正，这样的下属会很快得到领导的谅解、尊重以及同事的赞许。据心理学家观察，当人们看到犯了错误的人痛心疾首、懊悔自责的态度，并且竭尽全力去改正时，大都会因此而产生恻隐之心，减轻对其错误的谴责和反感心理，同时还会给予热情的关注和由衷的帮助。

犯错误挨批评终归不是件令人愉快的事情，所以多数人的反应是悔恨不已。心理素质健康的人，能够很快通过提高思想认识，振作起精神，进行积极的自我调适，重新开始起步，以努力工作来弥补过失。但一些性格内向、自尊心过强、敏感多疑、对挫折耐受力低的人，会把问题看得过于严重，担心别人会看不起自己，领导今后也会用"有色眼镜"看待自己，前途无望了，从此一蹶不振。

英国学者利斯特曾说过："我能想象到的人的最高尚行为，除了传播真理外，就是公开放弃错误。"错误并不可怕，批评也不可怕，关键在于我们怎样去认识错误、对待错误。从错误中吸取教训，从批评中汲取营养，这样，你才会逐步走向成熟，走向成功。

【例 5-8】

接受批评，不犯三次过错

子曰："有颜回者好学……不贰过。"孔子的一个学生叫颜回，从来不犯两次过错。我们没有办法成为颜回，但可以告诫自己："一个人第一次犯错是不知道，第二次犯错是不小心，第三次犯错就是故意的。"

有一次，希尔顿去日本东京，在飞机上遇到了一位女记者。这位女记者问希尔顿："希尔顿先生，您取得了辉煌的成就，您的经营技巧是什么？我和所有人都想知道。"

希尔顿听后笑了笑，没有正面回答，他对女记者说："你到了东京之后，住进我的旅馆，临走时把你不满意的地方告诉我，当你下次来住时，我们不会再犯同样的错误。这也许就是我的技巧吧！"

七、向上级提建议的技巧

企业就像一艘航行中的轮船，下级船员服从上级船员，全船服从船长。当然，做一个好下属，只有服从还不够，还要善于为上级补台，敢于、善于向上级提出不同意见。一个完全听命于上级、没有自己思想的人，不可能成为一个好的管理者。

向上级提出意见要出于真诚和善意，做到有主见但不固执，多揽事而不争功，行权不越权，到位不越位。在现实中，上级反对下属的意见时一般可当即提出，下属则不同。美国副总统戈尔写过一篇文章，叫《怎样当副手》，讲的就是这个道理。下级要在维护上级权威和面子的前提下，讲求方法、注意场合地向上级提出自己的不同意见，因为总统的权威和面子是国家的权威和面子。同样，企业总经理的权威和面子也是企业的权威和面子，一个部门、一个班组都是如此。

（一）向上级提建议的误区

1. 不了解情况直接提建议

这种情况多见于刚出校门新入职的企业员工中。一个新人刚到企业，总是踌躇满志，准备大干一番。他们常站在自己的角度考虑企业问题，提建议的目的多半是想得到领导的认可。

2. 直接当众说，不给上级面子

多年前在关于京东的一个战略会议上，刘强东信心满满地宣布京东将要自己建立物流派送体系，这需要投入大量的资金，也就意味着京东会在未来很长一段时间内无法真正赢利。当刘强东说出这个决策的时候，一位高管马上站起来反对，理由非常充分。会上有不少人赞同这位高管的意见，认为刘强东是在玩火。刘强东却说：京东搭建物流配送体系是我的决定，我今天也不是和大家商量，确切地说是通知大家，请各位依照执行就是了。

3. 一次提很多建议

有些员工认为提建议越多越好，提了一个建议后得到了上级的表扬，于是就一个接一个往下说……似乎上级的工作总有说不完的问题，这会让上级怀疑你提建议的初衷。

（二）向上级提建议的技巧

1. 将提意见转换为提建议

一般人都不喜欢听意见，只喜欢听建议。聪明的下属要学会巧妙地将“意见”转化为“建议”，认识这一点很重要。下属要做的就是把自己的主张说出来，并让上级做决定，而不是自作主张。同时，提建议时要注意语气语调。

2. 找准时机

上级事情很多，需要找到合适的时机提建议。一般来说，刚上班时，人们的心情普遍都要好些，谈话的效率也会较高。

3. 进入上级的频道

下属应善于从上级的角度思考问题，进入领导的频道，了解他们对什么感兴趣，怎样的谈话方式让他们比较容易接受，从公司或项目整体出发，这样提出来的建议领导很容易接受。

【例 5–9】

与上级这样沟通

小晴大学毕业一年多，在一家广告公司做广告文案策划。她漂亮、聪慧、干活利落，深得上司赏识。

一次，经理交给她一项重要的任务：按照上司的既定思路做一个详细的策划方案。上司先告诉她，客户在做当地大型房地产公司项目，并表示这个客户对公司发展很重要。上司先提出了策划思路，让小晴按照这个思路做策划方案就行了。

小晴心想：“以前做策划方案基本上由上司提个要求，剩下的事情就由自己完成了，而且每次都能得到上司的称赞。难道这回是上司对自己不够放心？不相信自己的能力？”而且她发现经理的思路有一个致命性的错误，如果按照那个思路做策划方案，肯定会遭到客户的拒绝。

于是，小晴找到正在开会的经理，当着众人的面直截了当地说：“经理，您的思路根本不对，应该这样……”这让经理感觉很没面子。结果可想而知，经理把这个策划方案交给小晴的同事做了。那位同事私下与经理进行了交流，经理主动调整了原有的思路。

【小资料】

企业沟通政策

在管理实践中，信息沟通的成败主要取决于上级与下级之间全面有效的合作。但在很多情况下，这些合作往往会因下级的恐惧心理而形成障碍。一方面，如果上级过分威严，给人造成难以接近的印象，或者缺乏必要的同情心，不愿体恤下级，都容易造成下级的恐惧心理，影响信息沟通的正常进行。另一方面，由于下级心理畏惧，向上沟通时可能会“知而不言，言而不尽”，这也会影响信息的沟通。

为了更好地鼓励上行沟通，国内外很多知名企业都想方设法制定了各式各样的“沟通政策”，用于保证有效的上行沟通。例如，制定完善的投诉程序；高层领导的开门政策、座谈会或热线电话；电子邮件或音频、视频对话；问卷调查和离职访谈；正式或非正式地参与决策；外聘独立调查员等。

如惠普公司的办公室采用美国少见的“敞开式大房间”布局，惠普公司的每个人，包括最高主管，都是在没有隔墙、没有门户的大办公室里工作的。尽管这种布局也有其缺点，但是，惠普公司发现这种做法的好处远远超过其不利之处。

“开放式管理”鼓励并保证了沟通交流不仅是自上而下的，而且是自下而上的。同时，为了打消企业内部因为等级差异而产生的沟通障碍，惠普公司要求对内不称头衔，即使对董事长也是直呼其名。这样做不仅有利于沟通，而且有利于创造无拘无束的工作氛围。

典型案例

美国第28任总统伍德罗·威尔逊有才能、自负，所以对别人的意见要么不采纳，要么根本不予理睬。但是，有一个人是例外，这个人就是他的助理豪斯。为什么威尔逊对豪斯会另眼相看呢?

豪斯自己说，有一次，他被单独召见，他明知总统不容易接受别人的建议，但还是尽自己所能，清楚明了地陈述了一种政治方案。因为他苦心研究过，自认为相当切实可行，所以说得理直气壮。然而同样的，总统没有表示任何接纳的意见，只是说:“在我愿意听废话的时候，我会再次请你光临。”但是数天之后，在一次宴会上，豪斯很吃惊地听到威尔逊正在把他数天前的建议作为总统自己的见解公开发表。这件事，使豪斯恍然大悟，懂得了向总统贡献意见的最好方法：避免他人在场，悄悄把意见“移植”到总统的心中。这样，他的计划就能顺利地被总统采纳。

【案例评析】

豪斯能取得这样的成功，是因为他了解总统的心理。了解自己的上级，就能

“管理”上级，让上级对自己信任有加，增进彼此之间的关系。

问答题

1. 请举一个工作实例，说明服从意识不到位对工作所产生的负面影响。
2. 什么是服从？你是如何理解服从的含义的？
3. 你在与上级沟通时存在什么障碍？如何克服？
4. 联系实际，谈谈如何正确看待上级的批评？
5. 什么是“8小时复命制”？如何贯彻“8小时复命制”？
6. 接受上级工作指示时要注意什么事项？
7. 你认为“对的就服从，不对的就不服从”这句话对吗？
8. 检讨一下，你在工作中是否有许多借口？分析产生这些借口的原因。
9. 如何与能力不强的上级相处？

小组讨论

1. 小张在重庆某酒店工作，平时比较热衷于当义工（志愿者），他经常利用休息时间去社区的敬老院和特殊学校当义工奉献爱心。小张认为他一个人的力量是有限的，希望社会上有更多的人能参加到特殊群体的志愿服务中。于是，他准备向酒店人力资源部表达自己的想法，希望能够得到领导的支持和帮助。

【要求】请按信息发送的“5W1H”分析法讨论一下，如何让小张与酒店人力资源部经理达成有效的沟通？

2. 一个替人割草的男孩出价5美元，请他的朋友为他打电话给一位老太太。电话拨通后，男孩的朋友问道：“您需不需要割草？”

老太太回答说：“不需要了，我已经有了割草工。”

男孩的朋友又说：“我会帮您拔掉花丛中的杂草。”

老太太回答：“我的割草工已经做了。”

男孩的朋友再说：“我会帮您把草与走道的四周割齐。”

老太太回答：“我请的那个割草工也已经做了，他做得很好。谢谢你，我不需要新的割草工。”

男孩的朋友便挂了电话，接着不解地问割草的男孩说：“你不是就在老太太那儿割草吗？为什么还要打这个电话？”

割草男孩说：“我只是想知道老太太对我工作的评价。”

【问题】这个故事对我们有什么启示？

单元六

管理者与同级的沟通

学习目标

了解同级沟通的重要性，掌握与同级沟通的方法、技巧，增强合作意识，提高团队凝聚力。

学习内容

◆同级沟通的重要性

◆同级沟通的原则

◆同级沟通的方法

每个管理者都明了“管理是通过他人完成工作任务”，但管理者心中的他人往往仅是自己的下级，很少有人考虑到与同级、同事沟通的重要性。而现代旅游企业大部分工作都与其他部门、班组、岗位的工作有联系，只有与同级、同事建立良好合作关系，才能顺利完成工作任务。

平行沟通常见问题：

（1）职权不清，互相扯皮推诿

（2）服务意识不到位

（3）本位主义严重

（4）缺乏沟通培训

（5）动辄上交矛盾

（6）处理问题不是就事论事

一、明确责权范围

同级沟通出现问题的一个主要原因是班组（部门）职责、权力范围不明确，导致双方争权夺利，出现问题互相扯皮推诿。因此，首先要划定班组（部门）职责、权力范围，一件事情只能有一个班组（部门）负责管理，划定界限，减少扯皮及责权交叉引起的矛盾。如饭店客房部与工程部在客房维修保养上问题较多，出现问题后客房部往往将工程部推到被告席上，投诉工程部维修不及时、维修质量不过关；而工程部则会反戈一击：是你们客房部员工使用设施不当，造成维修量加大，两个部门争个不休。如果就事论事，永远是只见树木不见森林，不能从根本上解决问题。所以必须首先明确在客房维修保养上双方的责任和权力，划定界限，各司其职（见表 6–1）。

表 6–1 客房维修保养责权范围

客房部		工程部	
责任	权力	责任	权力
正确使用、妥善保管、尽力维护客房设施设备	维修投诉权	培训（或配合售后服务商培训）员工，使其掌握设备设施的使用与保养方法	培训权
及时发现并报修	维修验收权	及时、节俭、高质量地完成各项维修工作	定期检修权
配合工程部进行维修（及时开启房门、住客房跟班维修）	维修费用审核权	定期检修客房设备设施	
检查验收维修质量			

此外，班组（部门）与班组（部门）之间有许多工作是相互关联的，有一个互相衔接的问题，现代管理要求上下工序必须一道一道无缝衔接，不能留有两不管的地带。饭店每一块地方、每一件物品、每一项工作包括临时产生的工作都应有相关班组（部门）负责，不能出现任何空白。

【例 6–1】

谁的责任？

某饭店，总经理带了几个客户到小包厢用餐，发现包厢里的地毯非常脏，顺口就批评了餐厅经理。餐厅经理感到非常委屈，认为餐厅只是负责每天常规的吸尘工作，地毯清洁是客房部 PA 组的事情，PA 组未将地毯洗干净，与餐厅无关。而 PA 组主管则声称，他们只是每月定期清洗一次地毯，开餐时地毯有污迹餐厅没有及时处理，时间久了地毯上的污迹成了顽渍，所以无法清洗干净，责任在餐厅，与 PA 组不相干。

［**点评**］很多饭店规定，餐厅地毯由客房部 PA 组负责定期清洗，餐厅负责每天吸尘。但营业期间地毯上泼洒上了汤汁应由哪个班组（部门）负责清洗，在部分饭店管理上还是一个空白。

解决问题的方法是填补空白，在相应职责范围内明确：在餐厅营业期间，地毯上如泼洒上了汤汁应先由餐厅进行临时处理（PA 组负责业务指导），防止污迹扩散，并及时与 PA 组取得联系，等餐厅营业结束后，由 PA 组安排清洁。

【例 6–2】

服务联动提升客人满意度

服务联动制，是指服务区域内各部门、各岗位通过一定的联系方式（如微信联动群、QQ 联动群），相互协调合作响应，以提升服务效率的机制。

南京某五星级酒店通过微信工作群，在酒店内部推行“服务联动制”，旨在快速沟通、高效服务。如总台员工发现客人是自驾游时会主动询问客人车牌号，然后在微信工作群留言，联动保安部停车场员工主动为客人擦洗车辆。楼层管家如发现客人在房内晾晒湿衣服，会主动将湿衣服拿至洗衣场烘干；如发现客人离店退房早、来不及用早餐，会联动餐厅准备打包早餐，并在客人结账离店时送给客人。这种联动服务常常带给客人意外惊喜，很多客人对酒店的服务予以了高度评价，称其为“超五星的服务”。

服务联动机制的实现，需要酒店各部门、岗位之间的团结协作和长期磨合，并以案例分析等多种形式将团队合作意识转变为各部门、各岗位联运配合的行动。具体操作时，可对具体服务事件进行分析，讲解岗位之间如何默契配合，统一沟通方式、术语，进行岗位联动机制演练，使多岗联动的服务形式规范化、常态化。

二、强化服务意识

平行沟通出现问题，往往是服务意识不到位。

【例 6–3】

房卡为什么打不开门?

住客退房，如果过了当天中午 12 时还不办理续住手续，房卡通常就失效了，有些客人不知情，打不开门，就询问客房服务员。服务员往往会简单回答:“对不起，我不知道，您自己到总台问问。”客人又到总台问，来回跑，简单的事情结果造成客人不满，影响对客服务质量。

饭店服务与管理存在无数的“客人关系供应链”（图 6–1）。谁是客人呢? 任何接受服务的人都称为客人。通常将客人分为外部客人与内部客人。外部客人即宾客，内部客人就是你的下级、你的上级、你的同事或另一个部门的同事。

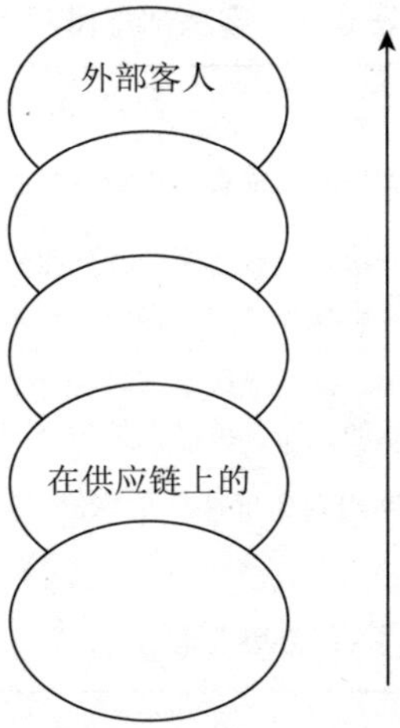

图 6-1　客人关系供应链

在供应链上的每一个环节都是下一个环节的服务对象，每一个环节都应将上一个环节的同事视为内部宾客来提供最优质的服务，这样一环连一环到最终的环节——外部客人，才有可能使外部客人享受到最优质的服务。任何环节出了差错，都会影响到对客服务质量。如饭店服务与管理是一个整体，出现问题要善于补台、补位，尽量不要将问题暴露在客人面前。尤其是二线的班组（部门）如PA组、洗衣房、管事部、人力资源部、采供部的管理者必须强化服务意识，牢牢树立“后台为前台”服务的意识并付之于实际工作。香港东方文华饭店有一个信条：如果你不是直接为客人服务的，那么你的职责就是为那些直接为客人服务的人服务。

海尔公司员工画过这样一张漫画，题为《市场是每个人的上级》，画面上的一位员工是个“双面人”，他的一面严肃地对下一个环节说：“决不接收带缺陷的产品。”另一面则很谦恭地征求上一环节的意见：“您满意吗？”

北京五星级昆仑饭店在后台贴有一条醒目的口号：“宁可自己千辛万苦，不让一线一时为难。”这很好地诠释了“后台为前台”服务的二线服务原则和意识。

三、制定协调制度

跨班组（部门）的工作如何协调，这需要建立相应的制度，按一定的规范操作。例如，客房部报修涉及客房部与工程部两个部门，如何通过建立相应的制度来协调这两个部门的关系呢，请见表 6-2。

表 6–2　客房部报修制度

涉及人员	做法及要求
1. 客房服务员	每天清扫客房时，检查客房设备设施，发现问题及时报告客房中心
2. 客房中心联络员	1. 客房中心接到报修要求后，如属急修，先电话报修后补维修单 2. 正常维修则填写维修通知单，每天上下午各报一次
3. 工程部调度中心调度员	1. 是急修的，接到报修申请后安排维修人员 5 分钟内到达维修现场 2. 正常维修的，安排维修人员 30 分钟内到达维修现场
4. 工程维修人员	在规定时间内到达维修现场维修，如是住客房维修，则需客房服务员跟班维修
5. 客房楼层领班	验收合格后在维修单上签名

互联网时代，不少企业借助智慧酒店系统进行沟通，如“客房管家系统”（图 6–2）实现工程维修进度实时同步，工程部的维修任务、维保计划任务执行情况通过系统分派、记录，管理层可以通过手机更方便地统筹整个部门的工作。如今，报修组只需要在电脑上点击一下，就可以将工单转到各维修组，效率很高。

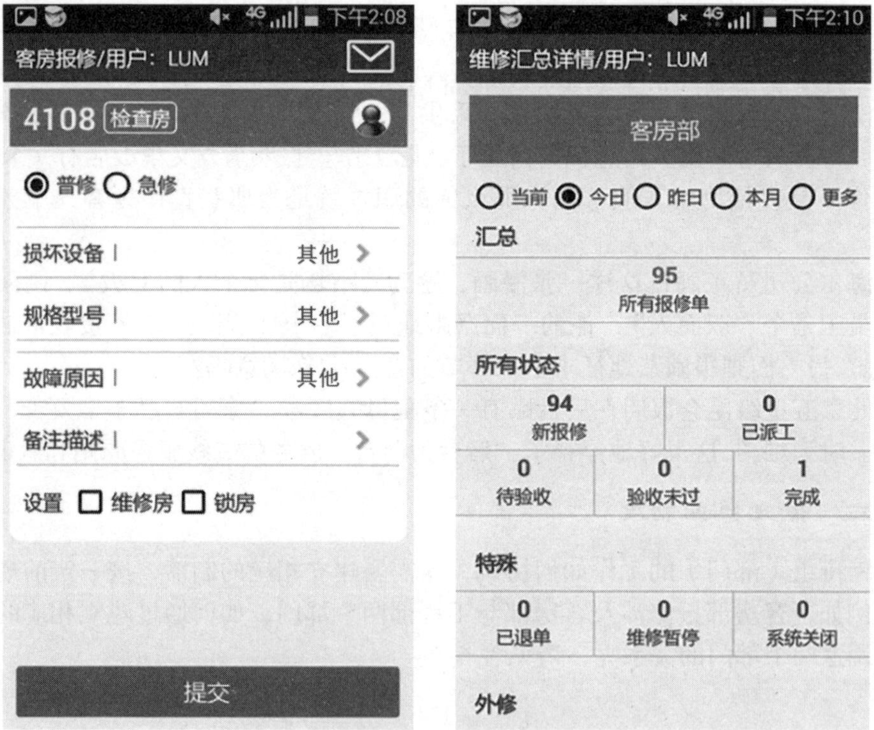

图 6–2　客房管家系统

四、加强沟通培训

平行沟通由于在同级关系的人之间开展，不存在谁指挥谁、谁服从谁的上下关系链，所以，掌握沟通技巧尤为重要。与同级如何沟通、用什么方式沟通、出现问题如何处理，这需要进行专门培训。在此特别要强调的是交叉培训。

业务联系密切的部门、岗位，尤其要加强交叉培训。交叉培训应在旅游企业各个层次间进行，上到中层管理人员，下到一般员工。交叉培训可以跨部门进行。如可让饭店客房部与工程部进行交叉培训，客房部学习客房设施设备的保养常识及客房设备用品小修小补的技能；工程部则学习在客房维修时的注意事项及遇见客人时的礼节礼貌；交叉培训也可以在部门内部进行，即在部门内不同班组、岗位间进行交叉培训，如客房部楼层班组与洗衣房、PA 组间的交叉培训。目前流行的总台合并的做法，就是对接待、收银、问讯三个班组进行交叉培训，人员相互替补，从而达到减少人员、提高效率的目的。

旅游企业内部进行交叉培训有很多益处：

1. 易于换位思考

从平行沟通的角度，进行交叉培训，可以增进对其他班组（部门）工作的了解，主动配合对方，出现问题易于换位思考。

2. 利于全员促销

经过交叉培训的员工熟悉了其他部门的产品，可以在工作中进行有目的的促销。

3. 便于劳动力的调配

接受交叉培训的员工是多面手，工作需要时抽调到其他班组（部门）可以做到“招之即来，来之能战”。

4. 丰富员工工作内容

【例 6–4】

10 分钟一间走客房

某饭店新开业，正值 5 月旅游旺季，客房供不应求，前一个团队才退房，客房还未能清扫出来，后一个团队已进店，在大堂等着进房。总台接待处很是着急，多次催促客房，客房部给催急了，说话也有些戗了，两个部门由此发生了矛盾：

接待处：你们客房动作怎么那么慢，到现在还不报 OK 房?

客房中心：你们催命鬼一样地催，我们都快给你们催死了！你们来干干看！

接待处：有什么了不起的，一间房 10 分钟不就搞定了。

客房中心：笑话，你来做做看！

[**点评**] 不了解部门、班组的业务，往往习惯站在自己的角度看问题，说明本位主义严重。

【例 6–5】

哪里有老鹅头卖?

一次，笔者与一位同事对江苏扬州一家四星级饭店进行暗访。问客房服务员哪儿有卖扬州老鹅头的，服务员答：市中心某某街某某店出售的老鹅头最正宗，建议我们去那儿购买。当我们问及饭店是否加工老鹅头时，服务员答曰不太清楚。

[**点评**] 服务员不了解本饭店产品，极有可能错失一次促销良机，将送上门的生意拱手让给了他人。

五、疏通沟通渠道

借用一药品广告词：通则不痛，痛则不通。沟通渠道是否畅通在沟通中尤其是平行沟通渠道中作用非常大。可以说，沟通渠道畅通与否，在很大程度上决定了沟通的成败。

平行沟通的渠道通常有两种，即正式渠道和非正式渠道。

正式渠道比较正规、严肃，如班组（部门）协调会、电话沟通、报表、备忘录等。俗话说：好记性不如烂笔头，班组（部门）协调会应留有会议记录，电话沟通应有电话记录本，见表 6–3。

表 6–3　客房中心接听电话记录本

来电时间	来电部门/人	来电内容	处理时间	受话人	记录员	备注

通过非正式渠道进行沟通相对比较宽松，如餐间聊天、班组（部门）联谊活动等，有些问题可能在用餐过程中就解决了。管理者应尽量通过非正式渠道弥补正式渠道沟通时的不足。

利用酒店运营系统 APP（图 6–3）进行跨部门沟通及部门内部的沟通，一部手机在手，即可传递相关信息，沟通效率更高，沟通更为顺畅。

图 6-3　酒店运营系统 APP 界面

六、尽量避免将矛盾上交

班组（部门）之间有了问题和矛盾，尽可能自行解决。动辄上交矛盾，将对方推到被告席上，不利于（班组）部门之间的沟通协调。因为被你推到被告席的一方，以后不是故意疏远你，就是会找个机会报复你一下。所以，管理者能自己沟通的事情尽可能自己沟通，能解决的问题尽可能自己解决。

【例 6-6】

不会沟通，从同事到冤家

小李在某公司销售部工作，为人比较随和，不喜争执，和同事的关系处得比较好。但是前一段时间，不知道为什么，同一部门的老张总是和小李过不去，俩人同时承担的工作任务，老张有意让小李多做一些，甚至还抢了小李几个客户。一开始，小李觉得都是同事，忍一忍就算了。但到后来，小李实在忍不下去了，于是直接告到了部门经理那里。部门经理将老张、小李批评了一通，从此，老张与小李就成了冤家。

小李遇到的事情在工作中十分常见。同事老张对自己的态度有所改变时，小李应该有所察觉的，这时应该留心自己是不是哪里出问题了，主动与老张沟通，而不是一味忍让。忍不下去时，小李选择了告状。部门经理做事也过于草率，没有起到应有的调节作用，他的一番批评反而加剧了老张与小李之间的矛盾。正确的做法是应该把双方产生误会、矛盾的疙瘩解开。

七、充分发挥管理人员的作用

所谓上行下效，作为基层管理人员，在平行沟通中起着相当重要的作用，我们在平行沟通中应积极主动、真诚相待，学会换位思考，主动配合，做到“自己的事情自己做，别人的事情帮着做”。

【例 6–7】

合作共赢

我们每一个人都熟悉龟兔赛跑的传统版本，那是一则励志的寓言故事，告诉人们坚强的意志和持之以恒的精神是成功的前提条件。在传统版本的基础上，人们不断地赋予龟兔赛跑以新的寓意，于是就有了龟兔赛跑的新说版本。

龟兔赛跑的故事在不断地被演绎，最新一轮的比赛改变了规则和路线，途中要越过一次河。兔子加油快跑，跑到河边，发愁了，沿着河边跑来跑去不知所措。这时，乌龟慢慢悠悠地爬过来，缓缓地游过河去，兔子再次失败。这次，兔子没再和乌龟争论，因为它明白，在陆地上跑，自己要比乌龟有优势，而在水上跑，自己则远不是乌龟的对手。这时，乌龟和兔子想，我们为什么要这样竞争呢？为什么不能相互协作呢？最后，它们达成一致：在陆地上，兔子驮着乌龟跑；到了水里，乌龟驮着兔子游。合理搭配，优势互补，收到了良好的效果。

龟兔在竞争中合作、在合作中竞争，体现了双赢共生的竞争理念。双赢和共赢的竞争方式取代传统的输赢式的竞争方式，通过与协作者和竞争者建立合作关系，共享资源，进而建立持续的共生关系，创造和谐有序的竞争环境。

典型案例

某饭店客房部报修原来采用电话口头报修的方式，饭店楼层服务班组与工程部维修班组间的矛盾摩擦比较大，后在双方共同协商的基础上，重新制定了协调制度。

1. 重新划定在客房维修保养问题上客房部与工程部的责权范围。

客房常见维修项目维修时间表

维修种类	常见及参照项目/	维修材料	维修时间
A类			10分钟
B类			20分钟

续表

维修种类	常见及参照项目/	维修材料	维修时间
C类			30分钟
备注			

2. 原先的电话报修问题较多，改为书面报修，并制定了报修制度（见表6–2）。

3. 根据维修项目的轻重缓急及以往的维修经验，将客房常见维修项目分为三大类，规定所需维修时间。

4. 重新设计维修单，在维修单中注明维修所用材料（见表6–4）。

5. 制定维修质量标准，控制维修质量。以墙纸维修质量标准为例：

◆若墙纸不平，用石膏补平。

◆旧墙纸如能继续使用，补上即可。

◆旧墙纸如不能继续使用，从上到下换一张，修补后应无明显痕迹，1.5米以外看不到接口。

6. 建立部门之间的交叉培训制度，制订培训计划，对培训效果进行跟踪调查。规定楼层客房班组、PA组、洗衣房员工接受工程部的交叉培训，工程部负责客房维修的班组人员同样定期到客房部相关班组及岗位进行培训学习。

【案例评析】

1. 划清界限，才能永葆和平。分工是为了各班组（部门）更好地履行自己的职责、行使自己的权力，但分工不能分家，各个部门、班组、岗位、员工之间还需强化服务意识。

2. 客房工程报修采用口头与书面相结合的方式，既可避免口头沟通出错率较高的不足，又不耽搁急修。

3. 住客房维修的，客人询问维修所需时间时，客房服务员的回答通常是不确定的，“客房常见维修项目维修时间表”的制定，一是对工程部的维修效率起到一个制约作用，二是可以告知客人维修所需时间，提高客人的满意度。

4. 维修质量与费用往往是工程部说了算，客房部很难控制。该饭店实施新的客房维修制度后，第一个季度运行下来收效明显，客房维修费用比往年同期减少26%，同时，维修质量和效率得到了明显提高。

问答题

1. 联系实际工作，谈谈平行沟通的重要性。

2. 你所在班组需要与哪些班组进行交叉培训？设计相应的培训计划。

3. 挤公交车时，当没上车前人们会想："往里挤、往里挤，不挤就上不去了。"一旦上车，人们的心态会立马来个180度大转变："别挤了，里面装不下了。"从挤公共汽车"挤上车后就改变态度"，谈谈换位思考在平行沟通中的重要性。

4. 什么是非正式渠道的沟通？非正式渠道有哪些？

5. 如何利用非正式渠道做好与同级之间的沟通工作？

6. 你是如何理解"客人关系供应链"的？根据你所在的岗位画一个"客人关系供应链"图并进行分析。

自我测试

评价标准：

非常不同意 / 非常不符合（1分）　　不同意 / 不符合（2分）

比较不同意 / 比较不符合（3分）　　比较同意 / 比较符合（4分）

同意 / 符合（5分）　　非常同意 / 非常符合（6分）

问题：

1. 我能根据不同对象的特点提供合适的建议或指导。
2. 当我劝告他人时，更注重帮助他们反思自身存在的问题。
3. 当我给他人提供反馈意见甚至是逆耳的意见时，能坚持诚实的态度。
4. 当我与他人讨论问题时，始终能就事论事，而非针对个人。
5. 当我批评或指出他人不足时，能以客观标准和预先期望为基础。
6. 当我纠正某人的行为后，我们的关系常能得到加强。
7. 在我与他人沟通时，我会激发出对方的自我价值和自尊意识。
8. 即使我并不赞同，我也能对他人观点表现出诚挚的兴趣。
9. 我不会对比我权力小或拥有信息少的人表现出高人一等的姿态。
10. 在同与自己有不同观点的人讨论时，我将努力找出双方的某些共同点。
11. 我的反馈是明确而直接指向问题关键的，避免泛泛而谈或含混不清。
12. 我能以平等的方式与对方沟通，避免在交谈中让对方感到被动。
13. 我以"我认为"而不是"他们认为"的方式表示对自己的观点负责。
14. 讨论问题时，我通常更关注自己对问题的理解，而不是直接提建议。
15. 我有意识地与同事和朋友进行定期或不定期的私人会谈。

自我评价：

如果你的总分是：

80~90分　你具有优秀的沟通技能。

70~79分　你略高于平均水平，有些地方尚待提高。

70分以下　你需要严格训练你的沟通技能。

选择得分最低的6项，作为技能学习的重点。

案例分析 1

洞房竟是标准间

一天，根据客史资料，销售部的小夏向曾在本饭店举办过婚宴的一对大学教师夫妇打去电话，告知饭店的一项优惠酬宾活动。当年的新郎姓徐，小夏根据徐先生当时在“大型宴会预订协议书”上留下的手机号码拨通了电话。小夏先自我介绍一番，然后问:“不知徐先生是否添了小孩?”徐先生大惑不解:“什么意思?”小夏接着说:“是这样，凡在本饭店举办过婚宴的夫妇，假如有了小宝宝又愿意在本饭店办满月酒席的，我们将给予特别优惠。”“哦，原来你们又是搞推销的。算了吧！当时在你们那里办婚宴差点没把我气昏。那天晚上酒宴散席后，我的亲戚朋友陪我们夫妇俩上饭店安排的免费‘洞房’，进门一看，简直不敢相信，给我们安排的居然是没有任何喜庆布置的两张单人床房间。这不明摆着要我们一结婚就分居吗?！至于要不要在你们那里办满月酒，我想就不麻烦你了，对不起啦！”电话“啪”的一声挂断了。

经调查饭店才知道，原来当时餐饮部的宴会预订处一时忙得糊涂，没有及时将徐先生的免费洞房通知单开给前台，以致出现了前面所说的尴尬一幕。

问题： 1. 分析本案发生的原因。

2. 提出整改措施。

案例分析 2

沟而不通，费时误工

一位教授精心准备了一个重要会议上的演讲，会议的规格之高、规模之大是他平生第一次遇到。全家都为教授激动，老婆专门为他选购了一身西装。晚饭时，老婆问西装合不合身，教授说上身很好，裤腿长了那么两公分，倒是能穿，影响不大。

晚上，教授早早睡了。老妈却睡不着，琢磨着儿子这么隆重的演讲，西裤长了怎么能行，反正人老了也没瞌睡，就翻身下床，把西装的裤腿剪掉了两公分，缝好烫平，然后安心入睡了。早上五点半，老婆睡醒了，因为家有大事，所以起得比往常早些，想起老公西裤的事，心想，时间还来得及，便拿来西裤又剪掉两公分，缝好烫平，惬意地去做早餐了。一会，女儿也早早起床了，看妈妈的早餐还没有做好，就想起爸爸西裤的事情，寻思自己也能为爸爸做点事情了，便拿来西裤，再剪短两公分，缝好烫平……

问题： 1. 分析事情发生的原因。

2. 提出避免类似事情发生的措施。

单元七

会议沟通

学习目标

掌握会议的种类、会议的要素，提高主持会议的技巧，提升会议质量。

学习内容

◆会议的种类

◆会前的准备工作

◆会议的主持

◆会后的结束工作

召开会议的主要目的就是解决问题，但由于管理者开会技巧不佳或会议过于频繁，有些会议不但无益于解决问题，反而使问题愈加复杂。员工花太多时间在无效率的会议上，不仅浪费企业成本，也造成工作效率低下。

提高会议的效率且有效地解决问题，是管理者必须要掌握的技巧。

会议沟通常见问题：

（1）会议过多

（2）会议目的不明确

（3）准备工作不充分

（4）会议时间、地点安排不当

（5）主持人缺乏主持技巧

（6）效率不高

一、明确会议目的

召开任何一种会议都有其目的性，明确会议的目的，有助于我们更好地开好每次会议。

1. 发布消息

这类会议往往是单向性的，在召开之前就已经做出了决定，我们只要告知与会人员相关的决定就行。

2. 下达指令

这类会议事先就已安排好各项工作，但下达指令时会询问与会者有什么问题。

3. 征询意见

这类会议的参加者往往是某一方面的专家。会议主持人会就某一问题征询与会者的意见，以求这一问题的解决。

4. 征求信息

这类会议应善于给与会者充分的时间和发言机会，以便收集更多的信息。

5. 进行决策

主要就某个问题做出决定，与会者往往各抒己见，以达成一致性的意见。

6. 例会

此类会议参加的人数相对固定，会议的时间、地点、议题也相对固定。若正常召开则无须通知，若取消会议则须提前通知。主管、领班每天主持的班前（班后）会就属于此类会议。

二、做好会前准备

会议成功与否，在很大程度上取决于会前的准备工作是否充分。

（一）明确会议的议题

一个成功的会议必须有明确的议题，议题太多讨论不过来。一般议题不要超过 3 个。

（二）选择开会的时间、地点

1. 会议时间安排

很多管理者都不知道何时是开会的最好时机。许多重要的会都安排在周五下午开，或非要安排在事务繁忙的周一开。其实这两个时间都不太合适，会议一般应安排在周二至周四的上午或下午开。

以饭店为例，在具体时间安排上，由于各部门工作（班次）时间不一，很难统一划定。以下是一些建议：

上午 8~9 点之间，正是员工从家到饭店，准备开始一天工作的时候。这个时候的员工心绪较乱，还需一段时间才能进入工作状态。因此，除了班前会，其他会议尽量不要安排在这一时段。

上午 9~10 点之间，员工已经开始进入工作状态。在这个时间段最适合进行一对一的交流，同样也是进行会谈的最佳时机。

上午 10~12 点或下午 1~3 点之间，最适合调动员工集思广益。员工们可以利用头脑风暴，不断想出新点子、新方法。

下午 3~5 点之间，最好不要安排会议。这个时段的员工开始进入一天当中的倦怠期，人人都希望早点回家，在这个时段举行会议往往会事倍功半。

2. 会议地点安排

很多会议的地点设在管理者的办公室，会议会被频繁打断，无法正常进行，此外，员工也有心理障碍，不利于畅所欲言。会议的地点应尽量安排在一个封闭的会议室内，而且最好围着圆桌进行。班前（班后）会则可在员工工作区域如楼层工作间召开。有些洋快餐餐厅和社会餐馆将班前（班后）会放在店门外，为的是展示其社会形象。

（三）准备好会场

会场的布置形式对人们的心理有很大的影响，如室温、光线、通风、桌子的形状、座位的安排等。

（四）拟定并分发会议议程表

开会同样讲求计划性，会前应拟定会议议程表并分发给有关人员，以保证会议顺利进行。

表 7–1 会议议程表

1. 日期、时间	会议日期：　月　日　星期 开始时间： 预计结束时间：
2. 会议地点	
3. 参会人员	
4. 确定议题及议程	议题 1　（时间） 议题 2　（时间） 议题 3　（时间）
5. 会议相关文件与资料	议题 1 议题 2 议题 3
6. 事先通知与联络	确认人员出席情况 确认参会者了解会议议题、议程，必要时提供相关资料 收集参会者会议要求与相关文件资料

三、提高主持会议的技巧

（一）把握会议的开场

与会者到达会场后，注意力还不可能马上集中到主持人身上。他们有的可能在考虑自己的事情，有的可能三三两两聚在一起闲谈。这时主持人不应立刻开始会议，而应精神饱满地坐在那里，面带微笑，用目光和与会者打招呼，最后环视一下整个会场，宣布会议开始。在做了必要的介绍之后，主持人应向与会人员讲清开会的目的、预期效果、会议结束的时间、基本规则、会议议程等。

需要注意的是，会议要准时召开。“八点开会九点到”，这句顺口溜道出了我们会议不守时、不准时的通病。开会时间一定要准时，管理者自己也必须养成准时参加会议的好习惯。

（二）引导讨论、控制会议的进程

（1）主持人要不断引导与会者按议题逐项进行讨论，并明确讨论的目的、要点及范围，以免讨论跑题。

（2）如果会上不能得出讨论结果，主持人要及时做出“会后再议”的决定。

（3）及时制止扰乱会议的任何情况，如言辞不礼貌等。

（4）主持人要有良好的体态语言，精神饱满，双目注视发言者。讲话声音要洪亮，有感染力。

（5）适时宣布散会。

（三）结束会议

会议结束时，主持人应重申会议的目的，简要归纳、总结讨论结果。

（四）重视会后工作

“议而不决，决而不行”是会议效率不高、执行力度不到位的真实写照，如何让会议真正落在实处，建立会后的跟踪制度是很有必要的。

（五）做好会议纪要

表 7-2 会议纪要样本

会议名称：

会议地点：

会议时间： 年 月 日 时 分至 时 分

主持人：

参加者：

缺席者：

记录人：

序号	决议	执行人	完成时间	检查人	检查结果

抄送：

签发人： 年 月 日

会议的成果凝结在会议纪要的决议中。应安排人整理会议纪要。会议纪要一定要有执行人和完成时间，由主持人签发。

会议结束两三天后，所有参会者应收到会议纪要。管理者应安排相关人员对会议纪要中的决议（工作任务）进行跟踪检查，真正做到议而决、决而行、行而果。

四、召开班前会

班前会是饭店基层管理者落实饭店各项工作任务的重要环节，饭店相关政策、制度、工作都要通过逐级落实传达给员工。班前会通常由领班或者督导主持召开，它是督导每天工作起始时与员工的第一次正式沟通，班前会开得质量好坏，对员工当天的工作状态、工作完成情况会产生直接影响。一些饭店虽然班班都在开班前会，但形式与内容不够完善，存在“三多三少”现象，即：安排工作多，讲质量少；批评指责多，表扬肯定少；讲老话套话多，培训指导少。

如何主持召开班前会、提高班前会质量，是基层管理者必修的一门功课。

（一）班前会的目标

班前会通常时间较短，一般为 10~15 分钟，由基层管理人员根据具体情况灵活掌握。召开班前会时需突出重点，主要围绕三个主题：一是布置任务，二是评析质量，三是培训员工。布置任务：做到工作任务目标明确，员工对干什么、怎么干、干到什么标准，明明白白，清清楚楚；评析质量：通过服务案例的讲解评析，提高员工服务质量；培训员工：通过一天学一题，一月一考试，提高员工的业务技能水平。

【例 7–1】

Wow story

在丽思·卡尔顿酒店，有一个全体员工必须每天参加的 15 分钟小组晨会，主要内容是分享全球各地丽思·卡尔顿人每天为创造独特难忘的顾客体验而亲身经历的故事——“Wow story”。丽思·卡尔顿酒店还会把自家的绅士淑女们创作出的“Wow story”汇编成册，定期评选，进行表彰。这些晨会传播的故事为所有员工提供着各种灵感。

这里来说说其中一个“Wow story”：

一对夫妻带着三个小男孩在周末抵达萨拉索塔丽思·卡尔顿酒店。在他们入住的最后一晚，在酒店的餐厅进餐。餐厅打烊时，服务员发现椅子坐垫下面有一只毛绒小狗。服务员立刻意识到，一定是三位小男孩中的某一个落下的。时间太晚了，团队商量后计划在第二天以一种有趣的方式归还那个小狗玩具。他们将小狗玩具摆放在餐厅中，做出进餐、弹钢琴以及烹调美食的各种样子，并为其拍照，然后为每一张照片配上了故事情节。他们打印了所有照片，为小宾客创建了一个名为“小狗历险记”的图集。

第二天上午9时，他们将图集和毛绒小狗一起送到了客人房间。小男孩看到小狗玩具失而复得，欣喜若狂……

（二）班前会程序

1. 列队点名

班前会前，所有参会人员应列横队，按要求站好。具体要求是：脚跟并拢，脚尖分开呈60度，挺胸、收腹、腰直、肩平，面带笑容、双臂在体前交叉、两手相扣。领班、主管正向面对员工点名。

2. 检查仪表仪容

从关心员工、爱护员工的角度出发，进行班前仪容仪表、精神面貌检查。检查时，除了遵照饭店仪容仪表规范外，还需察言观色，观察当天来上班、前一天休息或请假的员工是否休息好、班前是否有人饮酒、员工身体是否不适、情绪是否有波动等，确保出勤的员工精神饱满、心情舒畅。

3. 总结表扬

通报上一班工作完成情况，对上一班工作现场情况进行总结，先表扬、鼓励在上一班工作中表现突出的员工，再对出现的问题或可能存在的隐患进行点评、解析，提出应急措施和整改办法。

4. 布置任务

简要传达饭店有关文件或会议精神，详细布置当班工作，明确本班要完成的工作指标并落实到人头，分析完成工作任务的有利条件和不利因素，增强当班员工完成工作任务的信心和决心。

5. 评析质量

根据当班工作任务和服务现场的实际情况，针对相关服务环节及操作点应注意的事项逐项讲清、讲透，并列举服务案例，培养员工规范化、个性化的服务意识。

6. 培训员工

根据部门总体安排和本班组的实际情况，确定“每日一题”的培训内容并做详细记录。讲解“每日一题”时，应紧密联系工作实际，由浅入深，由表及里，讲解透彻。讲完后，可以当场提问，了解员工掌握情况，做到讲一题，就让员工理解一题、掌握一题。

【例 7-2】

某饭店客房部的班前会

1. 培训员工学英语

随着饭店业竞争的日益加剧，提高员工英语会话能力势在必行。“每日一句英语”早已成为客房部班前会的一个抽查项目。客房部文员每天都会在办公室的白板上认真写上一句酒店常用英语，要求员工必须掌握，第二天的班前会上由主管进行抽查。其目的就是要提高员工的英语水平，更好地为客人服务。

2. 检查员工的仪容仪表

对仪容仪表不合格的员工提出批评指正。在客房部办公室里悬挂一面镜子，专供员工整理仪容仪表时用。要求员工班前面对镜子整理仪容仪表，并对着镜子自信地说：“我是最美的。”办公室还备有眉笔、指甲剪等，方便员工使用，其用意在于引起员工对仪容仪表的重视，把良好的精神风貌展现在客人面前，让客人看到的永远是员工最美最好的一面。

3. 强调每天应注意的事项

主管在班前会上简单强调每天应注意的一些事项。如，房间卫生清洁需注意的几个重点，或对客服务的技巧、处理问题的方法等。强调注意事项时，主管应保持平和的语气，这样会使气氛显得很轻松。因为清晨是美好一天的开始，要让员工有一个良好的心情投入到一天的工作中，员工才可能对主管强调的注意事项记得更清楚。

员工的服务水平经过每日班前会的熏陶，会有很大程度的提高。

问答题

1. 会议的种类有哪些？如何根据不同的会议种类组织安排会议？
2. 什么是例会？例会有什么特点？
3. 分析你所在部门会议效率不高的原因并提出改进措施。
4. 如何提高班前（后）会效率？会议结束后请参会者评判自己的会议主持技巧。
5. 主持一个质量分析会，会议结束后请参会者评判自己的会议主持技巧，分析不足，加以改进。
6. 写出常见的会场布置方法及其适合的会议类型。
7. 举办一次小组讨论会，明确议题、拟订议程，确定参会者、会议时间及地点。

自我测试

评价标准：

非常不同意 / 非常不符合（1 分）　　不同意 / 不符合（2 分）
比较不同意 / 比较不符合（3 分）　　比较同意 / 比较符合（4 分）
同意 / 符合（5 分）　　非常同意 / 非常符合（6 分）

问题：

1. 你所在饭店是否存在会议效率不高的问题？　□是　□否
2. 如果存在，请从下列选项中选出符合你所在企业实际情况的选项，并提出改进意见。

存在问题	是否存在	改进意见
主持人毫无影响力	□是　□否	
会场布局让人很有压迫感	□是　□否	
会前准备不足，会议议题不明确	□是　□否	
会议总是选在午餐时间进行	□是　□否	

自我评价：

如果你的总分是：
80~90 分　你具有优秀的会议沟通技能。
70~79 分　你略高于平均水平，有些地方尚待提高。
70 分以下　你需要严格训练你的会议沟通技能。
选择得分最低的 6 项，作为技能学习提高的重点。

学后能力自测

在结束“沟通技巧”这门专项技能课的学习后，请先回答下列问题，测评自己的沟通技巧。选择与自己经历最相近的答案：“从不”选 A，“有时”选 B，“经常”选 C，“总是”选 D。

评价标准：

非常不同意 / 非常不符合（1 分）	不同意 / 不符合（2 分）
比较不同意 / 比较不符合（3 分）	比较同意 / 比较符合（4 分）
同意 / 符合（5 分）	非常同意 / 非常符合（6 分）

测试题：

1. 我经常与他人交流，获取关于自己优缺点的信息，以不断改进提高。
2. 当别人给我提反面意见时，我不会感到生气或沮丧。
3. 我非常乐意向他人开放自我，与他人共享自己的感受。
4. 我很清楚自己在收集信息和做决定时的个人风格。
5. 发送信息时我会根据信息的内容选择合适的通道。
6. 在处理不明确或不确定的问题时，我有较好的直觉。
7. 我在沟通中经常使用反馈，以避免对信息误解或理解不准确。
8. 无论在工作中还是在生活中，我都保持良好积极的心态。
9. 在没有弄清楚原因之前，我极少会生气、沮丧或是焦虑。
10. 我清楚自己与他人交往时最可能出现的冲突和摩擦的原因。
11. 我很清楚自己的沟通风格，并不断改进。
12. 我尽可能用培训的方式下达工作指令。
13. 我与他人进行沟通时，会尽可能考虑其参照系。
14. 我坚持一周有一个只属于自己的时间和空间去思考问题。
15. 我在表达时努力做到确切、简明、扼要和完整。
16. 在每次沟通时，我总是听主要的看法和事实。
17. 我与我的同事保持良好的合作关系。
18. 在听的同时，我努力深入地思考讲话者所说内容的逻辑和理性。

19. 即使我认为所听到的内容有错误，仍能说服自己继续听下去。

20. 当我在评论、回答或不同意他人观点之前，总是尽量做到用心思考。

自我评价：

将你的得分与三个标准进行比较：

1. 比较你的得分与最大可能得分的差距。
2. 比较你的得分与班组其他人的得分。
3. 比较你的得分与班组其他人组成的标准群体的得分。

在与标准群体比较时，如果你的得分是：

100 分或更高	在最高的 1/4 群体中，你具有优秀的沟通技能。
92~99 分	在次高的 1/4 群体中，你具有良好的自我沟通技能。
85~91 分	你的自我沟通技能较好，但有较多地方需要完善。
84 分或更少	你尚需要严格的训练，以提高自己的沟通技能。

附录：专业用语

1. 沟通。指任何一种信息、思想和情感的传递和交换过程。

2. 参照系。指每个人各自的文化背景、教育程度、经历、经验、智力水平、态度、观点、价值观、偏见、感觉、期望、情绪、语言能力等。参照系会影响每一次沟通效果。

3. 反馈。反馈是指接收者将收到并理解了的信息返送给发送者，以便发送者及时核实接收者是否正确理解了信息。

4. 心理背景。指沟通双方的情绪和态度。它包含两方面的内容：一是沟通者自己的心情、情绪，二是沟通者对对方的感受和态度。

5. 乔哈瑞视窗。乔哈瑞视窗（Johari Window）也称乔哈瑞理论，是诊断沟通风格的基本前提。美国心理学家 Joe Lufthe 和 Harry Ingram 从自我的角度对人际沟通进行了深入研究，将人际沟通划分为四个区域，即开放区域、盲目区域、隐秘区域和未知区域，人们将此理论称为“乔哈瑞视窗”。

6. 情绪智商。情绪智商简称情商，其基本含义为:（1）认识自己的情绪;（2）妥善控制情绪;（3）自我激励;（4）认知他人的情绪。

7. 体态语言。指动作、手势、表情等。

8. 自我形象。自我形象来源于自尊，即每个人如何看待自己，比如是有能力的还是无能的，是成功的还是失败的，是乐观的还是悲观的……

9. 自尊。指每个人所具有的人生价值和期望，是自我满足程度的体现。

10. 交叉培训。指员工在做好本职工作的基础上，通过培训学习其他岗位的业务技能。交叉培训是理解、沟通、合作的良好途径。

11. 内部客人。任何接受服务的人都被称为客人，通常将客人分为外部客人与内部客人。外部客人即宾客，内部客人就是每个人的下级、上级、同事或另一个部门的同事。

12. 客人关系供应链。旅游服务与管理存在无数的客人关系供应链，在供应链上的每一个环节都是上一个环节的服务对象，每一个环节都应将上一个环节的同事视为内部宾客提供最优质的服务，这样一环连一环到最上端的环节——外部客人，才有可能使外部客人享受到最优质的服务。

参考资料

［1］(澳）阿伦·皮斯．身体语言［M］．贾宗谊，卢爱军，译．北京：新华出版社，2002.

［2］(美）切尔托．督导管理原理与技能训练［M］．顾琴轩，译．北京：机械工业出版社，2007.

［3］余世维．有效沟通 2 版［M］．北京：北京联合出版公司，2012.

［4］苏勇，罗殿军．管理沟通［M］．上海：复旦大学出版社，2005.

［5］王红星．卡耐基沟通的艺术与处世智慧［M］．北京．中国华侨出版社，2012.

［6］海尔集团企业文化中心．海尔员工画与话：让每个人成为自己的 CEO［M］．北京：机械工业出版社，2013.

［7］张迪．有效沟通与团队合作［M］．上海：上海交通大学出版社，2017.

［8］(日）荒木真理子．10 秒沟通［M］．孙律，译．北京：北京联合出版公司，2018.

［9］胡慎之．高情商沟通术［M］．杭州：浙江大学出版社，2018.

［10］盛安之．沟通的艺术［M］．南昌：江西美术出版社，2017.

［11］周一南．超级沟通力［M］．北京：中华工商联合出版社，2017.

［12］康青．管理沟通 4 版［M］．北京：中国人民大学出版社，2015.

［13］边文霞．有效沟通［M］．北京：机械工业出版社，2014.

［14］http：//chgyu1968.blog.163.com/ 余昌国的博客

［15］https：//wenku.baidu.com/ 百度文库

［16］https：//www.meadin.com/ 迈点旅游及大住宿业门户

［17］http：//xuewen.cnki.net/Default.aspx

［18］http：//www.chinahotel.org.cn/forward/enterHome.do

后　记

沟通是一切成功的源泉！

管理就是沟通，沟通，再沟通！

人类每天都在与他人进行不同形式的沟通，不管是有意识的还是无意识的。在醒着的时候，我们有70%的时间用于发出或收集信息——说话、打电话、开会、倾听、发电子邮件、书写、阅读，等等。

美国著名学府普林斯顿大学对1万份人事档案进行分析后发现，“智慧”“专业技术”和“经验”只占成功因素的25%，其余75%决定于良好的人际沟通。人际矛盾产生的原因，大多数都可归为“沟通不畅”。哈佛大学就业指导小组1995年的调查结果显示，在500名被解职的男女中，因人际沟通不良而导致工作不称职者占82%。

人生的美好，就是人情的美好；人生的丰富，就是人际关系的丰富；人生的成功，便是人际沟通的成功。

对于组织来说，“沟通就像人体中的血液”。如果没有沟通的话，整个组织简直不能运作。管理大师松下幸之助给管理下的定义很简单：“企业管理过去是沟通，现在是沟通，未来还是沟通。”专家研究表明，优秀经理将70%以上的时间都用在了沟通上。管理者所做的每件事中都包含着沟通。注意，不是一些事情，而是每一件事！没有信息就不可能做出决策，而信息往往需要通过沟通才能得到。而一旦做出决策，又要进行沟通，否则，将没有人知道决策已经做出。最好的想法、最有见地的建议、最优秀的计划，不通过沟通都无法实施。

当然，这并不是说，仅拥有好的沟通技巧就能成为成功的管理者，但是我们完全可以说，低效的沟通技巧会使管理者陷入无穷的问题与困境之中。

就管理层来说，督导层的领班主管处于饭店管理的最基层，直接面向员工和宾客，他们对员工进行督导管理，起着承上启下的作用。他们既是信息的发出者，又是信息的接收者。一方面，督导必须理解上级传达的信息，以很好地执行上级的指令、贯彻企业的决策；另一方面，督导必须与其他督导沟通协调工作。更为重要的是，督导还要与其所督导的员工成功地进行沟通。督导还要经常在一线负责对客服务，与客人建立良好的客户关系。可以说，督导无时无刻不面临沟通问题。

英国作家萧伯纳很形象地说：如果你有一个苹果，我有一个苹果，彼此交换，那么每人只有一个苹果；如果你有一种思想，我有一种思想，彼此交换，每个人就有了两种甚至多于两种的思想。

不论你是一名普通员工，还是一名管理者，都要有良好的沟通能力。怎样与他人有效沟通，如何提高自己的沟通能力……这些已成为所有期待成功的人士共同关心的话题。

本书围绕着现代旅游企业督导层管理人员应具备的沟通知识、沟通技能展开写作，以沟通中存在的共性问题为切入点，选择典型案例进行剖析，提出解决问题的方法和预防的措施，知识点突出，事例丰富，案例翔实，内容实用，富有启发性和参考价值。

教材还参考了相关著述、文献，在此向相关作者一并表示感谢！

编　者